Jochen Reiss

111 Orte
in Kiel,
die man gesehen
haben muss

111

emons:

Bibliografische Information der Deutschen Nationalbibliothek
Die Deutsche Nationalbibliothek verzeichnet diese Publikation
in der Deutschen Nationalbibliografie; detaillierte bibliografische
Daten sind im Internet über http://dnb.d-nb.de abrufbar.

© Emons Verlag GmbH
Alle Rechte vorbehalten
© der Fotografien: Jochen Reiss
© Covermotiv: iStockphoto.com / Edward Westmacott
Layout: Eva Kraskes, nach einem Konzept
von Lübbeke | Naumann | Thoben
Kartografie: altancicek.design, www.altancicek.de
Kartenbasisinformationen aus Openstreetmap,
© OpenStreetMap-Mitwirkende, ODbL
Druck und Bindung: B.O.S.S Medien GmbH, Goch
Printed in Germany 2016
ISBN 978-3-95451-705-3
Aktualisierte Neuauflage März 2016

Unser Newsletter informiert Sie
regelmäßig über Neues von emons:
Kostenlos bestellen unter
www.emons-verlag.de

Vorwort

Wo gibt es das sonst? Traumschiffe, groß wie Hochhäuser, fahren bis in die Innenstadt. In der Kreuzfahrt-Touristik ist Kiel führende Stadt Nordeuropas. Fähren, lang wie zwei Fußballfelder, starten täglich nach Norwegen, nach Schweden, ins Baltikum. Der Nord-Ostsee-Kanal, die am meisten befahrene künstliche Wasserstraße der Welt, sie beginnt in Kiel. Die ganz großen Pötte, hier kann man sie bestaunen. Von einem Strandkorb aus. Drei Kilometer schönster Sandstrand in der Stadt. Und das ist nur eine von Kiels Badeoasen. Kiel, die Stadt an der Förde. Nirgendwo anders gibt es ein Parlament, das mit Meerblick tagt.

Aber das Image von Kiel? Graue Landeshauptstadt im Norden. Arm. Nicht einmal ein richtiger Flughafen. Im Krieg wegen der Werften und als Marinestützpunkt zu größten Teilen zerstört. Alles richtig und doch falsch. Weil Kiel sich unter Wert verkauft.

In Kiel hat die deutsche Demokratie ihren Anfang genommen. Im November 1918 wehren sich die Matrosen, weiterhin im Krieg als Kanonenfutter zu sterben. In Kiel machen sie den ersten Schritt zum Sturz des deutschen Kaiserreichs. Sie haben am Ende Erfolg!

Kiel, das Segelparadies. Schon zwei Mal war die Stadt Schauplatz der Olympischen Spiele. Mehr als 2.600 Segelboote liegen in den Häfen rund um die Kieler Förde. Die Gorch Fock, als Segelschulschiff Deutschlands schöne Diplomatin, ist hier zu Hause. Die Kieler Woche ist international das jährlich größte Segelsport-Spektakel. Weißes Gold wird in Kiel geschürft aus dem Wasser der Ostsee. Aus Algen macht man erfolgreich Kosmetik. Maritime Technologie aus den Werften ist weltweit ein Renner. Kiel ist im Sommer Schauplatz von Europas größtem Kinderkulturangebot. Die artenreichste Wale-Sammlung Deutschlands kann man hier bestaunen. Kiel, die junge Stadt. Jeder zehnte Bewohner ist Student. Die Kunsthochschule bildet die besten Designer aus.

Kiel kommt! Mit lustvollen Höhepunkten. Und vielen Geheimnissen. Es lohnt sich, beides zu entdecken.

111 Orte ·

1__Der Alte Eiderkanal

Treidel-Pferde schleppten die Kähne an Seilen

Als sich 4.600 Menschen daranmachten, den Schleswig-Holsteinischen Kanal auszuschaufeln, hatten sie tatsächlich eine Jahrhundertaufgabe vor sich. 1784 konnte die Wasserstraße eröffnet werden. Sie verlief ab Kiel zunächst auf der Strecke des Flüsschens Levensau, das damals in die Förde mündete. Dann musste 34 Kilometer weit gegraben werden, bis man den Flusslauf der Eider erreichte. Sechs Schleusen lagen dazwischen. Der Kanal, auch Eiderkanal genannt, war lange die modernste künstliche Wasserstraße der Welt. Er verband das Baltische Meer mit der Nordsee. Handelsschiffe konnten jetzt diese Abkürzung nehmen. Wenn kräftiger Wind von hinten kam, segelten sie, meist musste aber getreidelt werden. Pferde am Ufer schleppten dann die schweren Kähne an Seilen. Drei bis vier Tage dauerte die Passage.

Vom Vorgänger des Nord-Ostsee-Kanals sind Teilstrecken erhalten. Westlich von Gut Knoop an der Stadtgrenze zu Kiel führt ein Wanderweg am Alten Eiderkanal entlang. Er ist heute ein stehendes Gewässer, fast komplett mit Entengrütze bedeckt. Umgestürzte Bäume ragen heraus, Seerosen blühen. Verwunschen ist es hier. Nach etwa einer Stunde erreicht man die Reste der Rathmannsdorfer Schleuse.

Eine weitere Schleuse mit einer gut restaurierten Klappbrücke im holländischen Stil findet man auf der südlichen Seite des Nord-Ostsee-Kanals bei Kleinkönigsförde. Der neue Kanal, der den Eiderkanal abgelöst hat, hat Klein- und Großkönigsförde auseinandergeschnitten. Hinüber geht's mit der Fähre Landwehr zwölf Kilometer westlich von Kiel. Die Fahrt kostet nichts. Weil die künstliche Wasserstraße eben nicht nur Landschaften, Wälder und Felder durchschnitten hat, sondern manchmal auch Dörfer, gab es von Anfang an eine kaiserliche Verfügung, dass der Fährbetrieb die Menschen nichts kosten darf. Diese Regelung gilt bis heute, alle 14 Fähren über den Nord-Ostsee-Kanal sind gebührenfrei.

Adresse Wanderweg Alter Eiderkanal, 24161 Altenholz-Knoop | **Anfahrt** mit dem Pkw von der B 503 in Kiel-Holtenau in die Oskar-Kusch-Straße, rechts in die Knooper Land-straße und Knooper Allee, links in die Knooper Dorfstraße, nach 600 Metern auf der rechten Seite | **Tipp** Einen spektakulären Blick auf die Schiffe auf dem Nord-Ostsee-Kanal hat man vom Gartenrestaurant Kanalfeuer an der Knooper Dorfstraße aus (Tel. 0431/3699408; Öffnungszeiten: Mo, Mi–Fr ab 17 Uhr, Sa ab 15 Uhr, So ab 11.30 Uhr).

2 Die Bonbonkocherei

Alte Messingwalzen bringen die Leckerei in Form

Viele solcher traditionell aus Messing gefertigten Walzen gibt es nicht mehr. Oft wurden sie für die Kriegsindustrie beschlagnahmt, um das Messing zu Patronenhülsen zu verarbeiten. Aber die Bonbonkocherei Hermann Hinrichs hat noch gut 100 verschiedene Walzen. Manche sind 80 Jahre alt. Die Fischwalze ist eine der liebsten der Köche. Und sie passt auch prima hierher, schließlich war das Gebäude, in dem heute die Bonbonkocherei mit Schauküche ist, zuvor eine Fischräucherei. Hier hingen Sprotten im Ofen.

Wenn Kieler Naschkatzen einen Ausflug nach Eckernförde machen, kommen sie an der Bonbonkocherei nicht vorbei. Hinter einer Glasscheibe sehen sie zu, wie die Leckerei hergestellt wird. Alte Handwerkskunst. Mit allen Sinnen kann man sie erleben. Und die Bonbonkocher haben Spaß daran, die Arbeitsschritte zu erklären. Erst wird Zucker in einem Kupferkessel gekocht. Der heiße Bonbonteig wird auf dem großen Eisenkühltisch mit Zutaten verfeinert. Erdbeere? Himbeere? Lieber Waldmeister? Die Bonbonkocher kneten den noch immer warmen Teig, bis er die richtige Temperatur hat, um nun die Bonbons zu formen. Sie lassen den Teig durch die Walzen laufen, die verschiedene Motive in die Teigmasse drücken. Wenn diese erkaltet ist, kann man sie brechen und in einem großen Sieb schütteln. Fertig sind die Bonbons. Jeder darf sofort probieren. Auch mit einer alten Bonbonstanze arbeiten die Köche. Einen exakten Moment, eine ganz genaue Temperatur müssen sie abpassen, um die Stanze in den Teig zu setzen. Mit den Fingerspitzen wird gemessen. Von der Fischwalze gibt es eine Anekdote: Einmal hat man einfach behauptet, die Form der Sprotten, das seien Kois. Eine Delegation des Bundespatentamtes nahm die Bonbons als Gastgeschenk nach Japan mit.

Wer den Gaumen lieber mit Kakaoaromen verwöhnt, kann in der Bonbonkocherei auch glücklich werden: Eine Schokoladen-Manufaktur gehört dazu.

Adresse Frau-Clara-Straße 23, 24340 Eckernförde, Tel. 04351/889986 | **Anfahrt** mit
dem Pkw von der B 76 in die Noorstraße, links in die Gaethjestraße, rechts in die
Straße Vogelsang, hier parken, über die Brücke im Hafen geradeaus, auf der linken
Seite | **Öffnungszeiten** Mo–Fr 11–18 Uhr (Mo keine Vorführung), Sa 10–18 Uhr,
So 11–17 Uhr | **Tipp** Es gibt noch einige Fischer in Eckernförde. Dorsch, Seelachs, Scholle
verkaufen sie an der südlichen Hafenmole gleich nach dem Fang (meist vormittags).

3 __ Der Küstenfrieden

Mit Meerblick – der etwas andere Begräbniswald

Machtvolle Buchen strecken sich an der Steilküste der Eckernförder Bucht nach dem Himmel. Manche sind mehr als 120 Jahre alt. Jede hat ihren eigenen Charakter. Ahorne, Birken, Eichen und Eschen stehen hier auch, aber die Buchen bestimmen das Bild. Im Sommer bilden sie ein dichtes Schattendach. Später, wenn die Herbst- und Wintersonne das gefallene Laub ausleuchtet, ist es, als bedecke ein braun-rot-gelb geknüpfter Teppich den Boden. Zu jeder Jahreszeit glitzert das Meer zwischen den Stämmen hindurch.

Gut 20 Meter fällt die Küste ab zum naturbelassenen Ufer. Sanft ist hier oben der Wellenschlag der Ostsee zu hören. Auf der anderen Seite der Bucht der Turm der Borbyer Kirche auf dem Petersberg, links der Strand, rechts die offene See. An der Abbruchkante ein vermoosendes Balkenkreuz, drei rohe Holzbänke davor: der Platz der Andacht. Die Ruhe an diesem Ort beschmust und glättet die Seele. »Küstenfrieden« hat man diesen Begräbniswald genannt. Kieler schätzen dessen Erhabenheit.

Begräbniswälder gibt es einige, dieser ist anders. »Vielen Angehörigen fehlt bei einer Seebestattung der örtliche Bezugspunkt. Den finden sie hier an ihrem Baum«, sagt Verwalter Julius von Bethmann Hollweg. Zugleich schaffe der Meerblick die Verbindung zur See.

258 Bäume sind ausgesucht und nummeriert, zu deren Füßen die Urnen in die Erde eingelassen werden. Erlaubt sind nur biologisch abbaubare Gefäße. Der Gedanke dahinter: Die Asche des Toten gelangt über die Wurzeln des Baumes zurück in den Kreislauf der Natur. Der Verstorbene lebt im Baum weiter. Auf Wunsch wird eine Gravur mit Namen, Geburtsdatum und Todestag angebracht. Mehr ist nicht gestattet. Kein Spruch, kein Blumenschmuck. Keine Kerzen, keine Andenken. Bis zu 99 Jahre kann man sich die Liegerechte sichern. Für totgeborene Kinder sind sie unterm »Sternchenbaum« kostenlos. Verstorbene Kinder finden am »Sterntalerbaum« die letzte Ruhe.

Adresse Eckernförder Bucht, Gut Altenhof 22 (Verwaltung), 24340 Eckernförde /
Altenhof, Tel. 04351/6666476 | **Anfahrt** mit dem Pkw von Eckernförde auf der
B 76 Richtung Kiel, 900 Meter nach Ortsausgang hinter dem Gasthof links in die Straße
Mövenberg, Parkbuchten auf der linken Seite; Bus ab Eckernförde Bahnhof Linie 3080,
Haltestelle Eckernförde Kiekut | **Öffnungszeiten** ganzjährig | **Tipp** Bester Platz für einen
Überblick über den Eckernförder Hafen: die Holzbrücke übers Wasser von der Altstadt
zur Siegfried-Werft.

4__ Die Brausebude

Für die Werftarbeiter gab's Limo statt Bier

Da schuftet einer den ganzen Tag, und nicht nur acht Stunden. Schleppt Stahlplatten, schwitzt ordentlich. Und dann darf er nach Feierabend noch nicht einmal ein kühles Bierchen zischen? So war das Anfang des vergangenen Jahrhunderts. Die Werftarbeiter, die mit der Fähre von der anderen Seite der Förde übersetzten, sollten auf dem Heimweg ihren Durst mit Alkoholfreiem löschen. Es war Sozialpolitik, den Bierkonsum einzuschränken. So wurden an der Bude Fruchtbrausen angeboten.

Die Garten-Schankhalle stand vor dem Restaurant Seegarten, wo heute der Fähranleger Seegartenbrücke ist. Als Wirtschaft und Biergarten 1910 eingeebnet wurden, verschwand die Brausebude in einem privaten Garten in Kiel-Elmschenhagen. 80 Jahre wurde sie als Laube genutzt, der Holzbau mit vielem Schnitzwerk im gründerzeitlichen Stil des Historismus moderte vor sich hin. Bis das Stadt- und Schifffahrtsmuseum das Häuschen kaufte. Für weitere zwei Jahrzehnte verschwand es im Museumsdepot. Dann entschied man, der Brausebude ihren alten Glanz zurückzugeben. In Handarbeit wurde sie in der Kieler Hoftischlerei sorgsam restauriert. Viele Balken und der Dachstuhl mussten ersetzt werden, Lärchen- und Eichenhölzer haben die Tischler verwendet. Jetzt steht die Bude an der alten Fischhalle auf der Museumsbrücke.

Drei historische Schiffe sind weitere Attraktionen. Die »Bussard« vor allem, Baujahr 1906. Seezeichen ins Wasser zu setzen war Aufgabe des sogenannten Tonnenlegers. Die »Bussard« wird mit Kohle und einer Dampfmaschine betrieben, die im Original erhalten ist. Mehrmals im Jahr sticht das Schiff noch in See, zieht eine schwarze Rauchfahne hinter sich her. Die »Hindenburg« (1944) war Seenotkreuzer. Ihre Besatzungen haben mehr als 800 Menschen gerettet. Die »Kiel« (1941) war Feuerlöschboot. Die Feuerlöschpumpe wird direkt vom Schiffsmotor betrieben. Das Schiff kann also entweder fahren oder löschen.

Adresse Wall 65, 24103 Kiel-Altstadt, Tel. 0431/9013425 | **Anfahrt** Bus 41, 42, 61, 62, Haltestelle Seegarten/Ostseekai; Fördedampfer F 1, Anlegestelle Seegartenbrücke | **Öffnungszeiten** 15. April–14. Okt. täglich 10–18 Uhr | **Tipp** Nur ein paar Meter entfernt hat man den alten Laternenträger des Feuerschiffes aufgebaut, das bis 1967 auf der Position lag, wo heute in der Kieler Bucht der Leuchtturm steht. Das Schiff wurde zum Segelschiff umgebaut und fährt nun unter dem Namen »Alexander von Humboldt«.

5 Das Carillon

Sommer-Konzerte mit 50 Glocken

Gunther Strothmann sitzt in dem engen Zimmerchen unterhalb der Glockenstube an seinem sogenannten Stockenklavier. Meist schlägt er, die Hand zur Faust geballt, mit dem mittleren Glied der kleinen Finger, mal mit der flachen Hand, kräftiger mit dem Fuß, die hölzernen Tasten des Spieltisches, die Stöcke und dessen Pedale an. Zugdrähte setzen die Klöppel der 50 Glocken über ihm in Bewegung. Virtuos intoniert Carillonneur Strothmann ihren meist hellen Klang. Die Menschen auf den Straßen halten inne. Eine konzertante flandrische Leichtigkeit breitet sich über der Altstadt aus.

Die Reste des Kieler Franziskanerklosters sind sehr alt. Der Turm ist es nicht, und schon gar nicht sind es die Glocken. Erst seit der Millenniumswende hängen sie dort. Bürger und Firmen haben sie gespendet. Die kleinste ist nur 15 Kilogramm schwer, den tiefsten Klang kann Gunther Strothmann einer 620 Kilo schweren Bronzehaube entlocken. Die Konzerte im Kieler »Glockensommer« sind ein Ereignis.

Gebaut hat das Kloster der Gründer von Kiel, Graf Adolf IV. von Schauenburg. Ein frommer Mann. Als es für ihn und seine Ritter im Juli 1227 im Kampf gegen Dänemark auf dem Schlachtfeld schlecht aussieht, legt er ein Gelübde ab. Mönch will er werden und ein Kloster stiften, wenn die Sache doch noch gut für ihn ausgeht. Tatsächlich besiegt Adolf IV. die Dänen. Er tritt in den Franziskanerorden ein, hält sein Versprechen.

Im Jahr 1530 hat man das Kloster aufgelöst. Hinter seinen Mauern würde zu viel Bier und Schnaps getrunken, so redeten die Leute. Ein Pflegeheim wurde dort untergebracht, später eine Lateinschule. Die ersten Vorlesungen der Kieler Universität fanden hier statt. 1904 wurde der Kirche ein Turm angebaut. Er hat die Kriege überstanden, andere Teile des Gebäudes haben die Kieler wiederaufgebaut. Im Obergeschoss ist Platz für ein Dutzend Studentenbuden. Das alte Refektorium wird für Ausstellungen genutzt.

Adresse Falckstraße 9, 24103 Kiel-Altstadt, Tel. 0431/31788 | **Anfahrt** Bus 11, 50, 51, 60S, 71, 72, 81, 91, 92, 100, 101, 501, 502, 701, 703, 900, 903, Haltestelle Holstenbrücke; Fördedampfer F 1, Anlegestelle Seegartenbrücke | **Öffnungszeiten** Konzert an jedem 1. Sa im Monat 11 Uhr; sechs »Glockensommer«-Konzerte ab Mai mit ausländischen Künstlern; im Sommer »Glockenserenade« an jedem 3. Mi im Monat 18 Uhr; täglich 12, 15, 18 Uhr computergesteuertes Geläut | **Tipp** An der Ecke Falckstraße / Klosterplatz zeigt eine Plastik den Klostergründer. Er steigt aus seiner Rüstung, streift sich gleichzeitig die Mönchskutte über.

6 — Das Coventry-Kreuz

Winzig kleines Symbol einer großen Idee

Es ist nur ein paar Zentimeter groß, man muss es suchen. Im Altarraum der Kirche St. Nikolai hängt das Coventry-Kreuz an einer Seitenwand. Aus drei alten Zimmermannsnägeln hat man es gefertigt – ein christliches Symbol der Völkerverständigung und Versöhnung. Es ist das älteste Nagelkreuz in Deutschland.

Die Nacht auf den 15. November 1940: Unter dem Decknamen »Mondscheinsonate« greifen 400 deutsche Bomber die mittelenglische Industriestadt Coventry an. Hier werden Flugzeugmotoren, Rüstungsgüter, bei Rover und Morris Autos gefertigt. Als die Bomber abdrehen, sind 568 Menschen tot, über 4.000 Häuser zerstört. Neben Sprengbomben haben die Piloten in dieser einen Nacht 36.000 Brandbomben abgeworfen. Tagelang tobt ein Feuersturm. Der NS-Propagandaminister Joseph Goebbels prägt hinterher den perversen Begriff »coventrieren« für die Vernichtung einer Stadt aus der Luft. Auch St. Michael, die mittelalterliche Kathedrale, ist eine Ruine. Aber Probst Richard Howard lässt »FATHER FORGIVE« in die Reste der Chorwand meißeln. In der Weihnachtsmesse, welche die BBC aus den Trümmern sendet, ruft er zur Verbannung von Gedanken an Rache auf. Aus drei Nägeln, die einmal den Dachstuhl der Kathedrale zusammengehalten haben, bindet ein Geistlicher mit einem Stück Draht ein Nagelkreuz zusammen als Zeichen der Vergebung.

Der 15. Juli 1947: Richard Howard überreicht in Kiel ein solches Cross of Nails an die St.-Nikolai-Gemeinde. Es ist die erste deutsch-britische Städtebegegnung nach dem Zweiten Weltkrieg. Auch Kiel wurde als Marinestandort nahezu vollständig zerstört, an 90 Luftangriffen war die Royal Air Force beteiligt. Seit 1967 hat Kiel eine Städtepartnerschaft mit Coventry. Was beide Städte auch verbindet: Weil die Innenstädte nach dem Krieg völlig neu errichtet werden mussten, ist ihre City ein Zeugnis der Betonarchitektur der 50er und 60er Jahre. In Coventry wie in Kiel.

Adresse Alter Markt, 24103 Kiel-Altstadt, Tel. 0431/95098 | Anfahrt Bus 11, 50, 51, 60S, 71, 72, 81, 91, 92, 100, 101, 501, 502, 701, 703, 900, 903, Haltestelle Holstenbrücke; Fördedampfer F 1, Anlegestelle Seegartenbrücke | Öffnungszeiten Mo–Sa 10–18 Uhr, So 10 Uhr bis nach dem Gottesdienst um 19 Uhr | Tipp Kühles Bier aus dem Holzfass selbst zapfen kann man in der Kieler Brauerei am Alten Markt 9. Hier wird im Gastraum in polierten Kupferkesseln gebraut (Tel. 0431/906290).

7__Der Geistkämpfer

Ein Engel versteckt sich auf dem Bauernhof

Seine größtmögliche Ausstrahlung zeigt er am Vormittag bei klarem Himmel. Wenn sich die Sonne über die Dächer am Ende der eng bebauten Holstenstraße schiebt und Schatten wirft auf die Ziegel der Nikolaikirche. Dort steht in einer Mauerecke der Geistkämpfer, den Kopf ein wenig zur Seite gedreht. Mit beiden Händen hält er ein langes Schwert. Sein Schatten an der Wand lässt ihn demütig erscheinen.

Die »Darstellung einer Idee« soll Ernst Barlach 1927 schaffen, der damals als der bedeutendste Bildhauer Norddeutschlands gilt. Der Kieler Magistrat garantiert jegliche künstlerische Freiheit. Barlach liefert eine fünfeinhalb Meter hohe Bronzeplastik. Auf einem grimmigen Tier steht breitbeinig ein Engel, die Stirn in Falten gelegt. Die Figur sei »die äußere Darstellung eines inneren Vorgangs«, sagt der Künstler. »Der Sieg des Geistes über das Irdische.« Einen Namen gibt er seinem Werk nicht, mit der Statue können die Kieler nichts anfangen.

Ursprünglich hatte die Skulptur vor der Heiligengeistkirche ihren Platz. Vielleicht wurde auch deshalb in der Zeitung der Titel Geistkämpfer vorgeschlagen. Ernst Barlach hat nicht widersprochen und ihn dann selbst benutzt. Historiker bewerten den Geistkämpfer als eines seiner wichtigsten Kunstwerke. Ein Glück, dass es erhalten blieb.

Trotz Barlachs Unterschrift im »Aufruf der Kulturschaffenden«, in dem er sich 1934 wie die Maler Erich Heckel oder Emil Nolde, wie die Komponisten Wilhelm Furtwängler oder Richard Strauss zu »des Führers Gefolgschaft« bekannte, brandmarkte der NS-Staat 1937 seine Kunst als »entartet«. An Hitlers Geburtstag wurde der Geistkämpfer vom Sockel geholt. Er sollte eingeschmolzen werden, hat den Krieg dann aber doch – in vier Teile zersägt und in Kisten verpackt – auf einem Bauernhof überstanden. Die Stadt kaufte die Plastik zurück. Zur Kieler Woche 1954 hat man sie vor der Nikolaikirche aufgestellt.

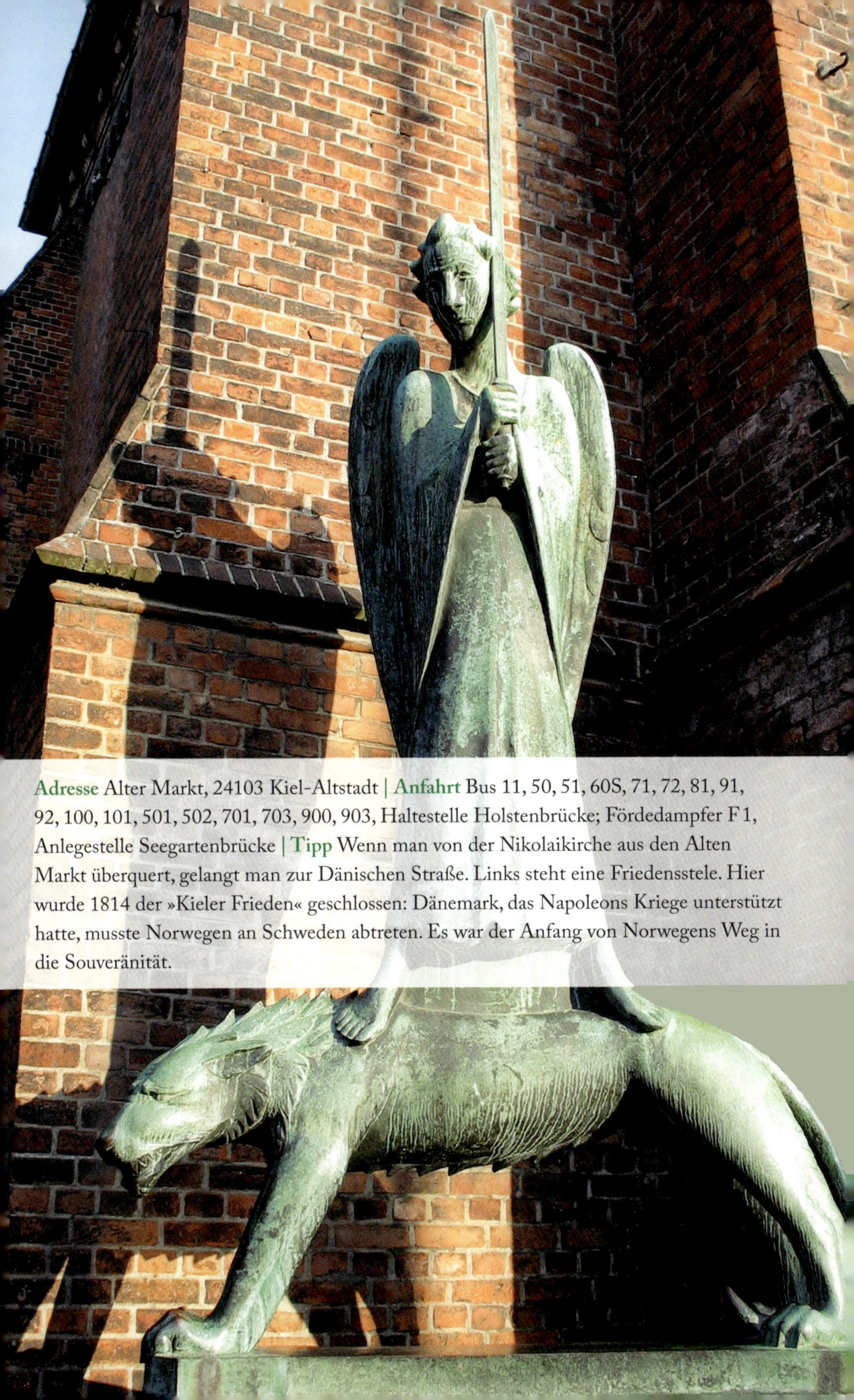

Adresse Alter Markt, 24103 Kiel-Altstadt | **Anfahrt** Bus 11, 50, 51, 60S, 71, 72, 81, 91, 92, 100, 101, 501, 502, 701, 703, 900, 903, Haltestelle Holstenbrücke; Fördedampfer F 1, Anlegestelle Seegartenbrücke | **Tipp** Wenn man von der Nikolaikirche aus den Alten Markt überquert, gelangt man zur Dänischen Straße. Links steht eine Friedensstele. Hier wurde 1814 der »Kieler Frieden« geschlossen: Dänemark, das Napoleons Kriege unterstützt hatte, musste Norwegen an Schweden abtreten. Es war der Anfang von Norwegens Weg in die Souveränität.

8_ Der Gewölbekeller

Nur Nachtschwärmer wissen davon

Dass Kiels Altes Rathaus aus der Erinnerung der Bewohner verschwunden ist, hat auch damit zu tun, dass es über Jahrzehnte verschüttet war. Jedenfalls das, was nach einem Bombenangriff am 13. Dezember 1943 von ihm übrig blieb: Reste des zweischiffigen Gewölbekellers aus dem 14. Jahrhundert. Gotische Bögen, unter denen die Ratsherren tagten und mittelalterliche Saufgelage stattfanden. Der Ratskeller war die einzige Wirtschaft in Kiel, die Wein ausschenken durfte. Nach dem Krieg hat man die Trümmer einfach verbuddelt.

Zudem haben die Stadtoberen die Bürger verwirrt. Das Rathaus am Rathausplatz mit dem markanten Turm ist eigentlich das Neue Rathaus. So steht es auf einer Sonderbriefmarke aus dem Jahr 1986: »75 Jahre Neues Kieler Rathaus 1911 bis 1986«. Für viele Kieler aber ist es das alte Rathaus, weil die Stadt einen langweiligen Funktionsbau an der Andreas-Gayk-Straße, wo Teile der Verwaltung untergebracht sind, jetzt das Neue Rathaus nennt. Es ist das neue Neue Rathaus.

Das alte Alte Rathaus dominierte die Südwestseite des Platzes, der heute Alter Markt heißt. Zinnen und Türmchen zierten den Backsteinbau. An diesem Ort wurde wahrlich Geschichte geschrieben: Am 24. März 1848 riefen mutige Männer hier die sogenannte Provisorische Regierung für Schleswig-Holstein aus. Ein Aufstand gegen den dänischen König, der seinem Reich das Herzogtum Schleswig einverleiben wollte. Nach 1943 lag nur Schutt über dem Kellergewölbe, später parkten Autos darauf. Als der Platz für Olympia 1972 neu gestaltet wurde, tiefer gelegt und mit umstrittenen Pavillons darauf, stellte der Landeskonservator das Gewölbe unter Denkmalschutz. Wer es sehen möchte, muss Nachtschwärmer sein – es ist in die Räume des Restaurants Mango's integriert, genauer gesagt in dessen Club. Wenn dort am Wochenende ab 23 Uhr der Discjockey auflegt, kann man unter mittelalterlichem Mauerwerk abhängen und tanzen.

Adresse Alter Markt 18, 24103 Kiel-Altstadt, Tel. 0431/96228 | **Anfahrt** Bus 11, 50, 51, 60 S, 71, 72, 81, 91, 92, 100, 101, 501, 502, 701, 703, 900, 903, Haltestelle Holstenbrücke; Fördedampfer F 1, Anlegestelle Seegartenbrücke | **Öffnungszeiten** täglich 8.30 – 24 Uhr, Club Fr – Sa 23 – 4 Uhr | **Tipp** Um die Ecke stehen in der Haßstraße die letzten Reste der alten Kieler Synagoge. Sie verfallen immer mehr. Es gibt aber Ideen, sie in neue Häuser zu integrieren. Ein kleines Museum ist geplant.

9___Die Kieler Sprotte

Fisch, Schiff, Schnaps und »echter Kieler Jung«

Manche essen die Sprotten mit Kopf und Schwanz, »mit Kopp un Steert« und Gräten, die nach dem Garen weich und fein sind. Aber eigentlich sagt man im Norden »Kopp un Steert sünt nix weert«. Also Kopf ab und dann das Fleisch mit Daumen und Zeigefinger von der Hauptgräte lösen! Man geht gemeinhin davon aus, dass die Kieler Sprotte, dieses wohlschmeckende, fetthaltige Fischlein von internationalem Ruf, wohl aus Kiel kommen muss. So ist es aber nicht.

Früher lebten im Dorf Ellerbek, heute Stadtteil Kiels, viele Fischer, die Jagd auf die Schwarmfischchen machten. Allein 34 Fabriken hat es gegeben, wo man die Sprotten über Buchen und Erlenholz räucherte. Dann haben die Werften die Fischer verdrängt. Die Kollegen im nahen Eckernförde, wo die Fischdelikatesse auch veredelt wurde, überlebten zunächst. Der Familienbetrieb Rehbehn & Kruse und wenige weitere in der Region sind als einzige Traditionsräuchereien erhalten geblieben. Warum auch die Sprotten aus Eckernförde seit jeher als Kieler Sprotten gelten, dazu hört man diese Geschichte: Pferdefuhrwerke brachten die Fischkisten für den Export nach Kiel, wo es damals schon eine Bahnstation gab. Hier bekamen sie den Versandstempel »Kiel Bahnhof«. Der größere Teil der Sprotten kommt heute aus dem Nordostatlantik, »Echte Kieler Sprotten« müssen aber in der Kieler Bucht gefangen worden sein.

»Kieler Sprotte« sagt man im übertragenen Sinn, wenn man einen gebürtigen Kieler meint. Die »Kieler Sprotte«, die auf dem Wasser schwimmt, liegt an der Museumsbrücke am Westufer der Förde. Sie ist Kiels ältestes Fahrgastschiff, 1905 als »Großherzogin Alexandra« gebaut. 90 Jahre war sie im Stettiner Haff und in den Boddengewässern Vorpommerns unterwegs. Dann kam sie nach Kiel, wurde 1996 auf »Kieler Sprotte« getauft. Ein Verein pflegt das Museumsschiff. Seinen Bug schmücken zwei Meerjungfrauen mit goldenem Haar und großem Busen.

Adresse Museumsbrücke am Seegarten, 24103 Kiel-Altstadt, Tel. 0172/4100429 | **Anfahrt** Bus 41, 42, 61, 62, Haltestelle Seegarten/Ostseekai; Fördedampfer F 1, Anlegestelle Seegartenbrücke | **Öffnungszeiten** Unterschiedliche Liegezeiten, oft in den warmen Monaten. Man kann das Schiff chartern. | **Tipp** »Kieler Sprotte« heißt auch ein Aquavit, mit Dillsamen verfeinert. Der Hersteller verspricht, dass jede Flasche einmal über die Kieler Förde geschippert wurde.

10 __ Der Kreiselkompass
Warum Albert Einstein Kiel so mochte

Viele kluge Köpfe kommen ja aus Kiel. Max Planck etwa, Begründer der Quantentheorie. Andere Nobelpreisträger für Chemie, für Physik und Medizin haben an der Förde geforscht und gelehrt. Wiederum andere haben Nützliches in Kiel erfunden. Hans Geiger hat den Geigerzähler hier entwickelt, Rudolf Hell das Faxgerät und den digitalen Fotosatz. Wirklich Verrücktes hatte Hermann Anschütz-Kämpfe vor. Er studierte in Kiel Medizin und Kunstgeschichte, hatte schon bei einigen Polarexpeditionen mitgemacht – da setzte er sich in den Kopf, den Nordpol mit einem U-Boot zu unterqueren. Aber wie sollte man sich orientieren? Umgeben von einer stählernen Schiffshülle ist ein Magnetkompass unbrauchbar, in Polnähe versagt er vollkommen.

Die Schifffahrt hat Hermann Anschütz-Kämpfe den Kreiselkompass zu verdanken. Er beruht auf dem physikalischen Gesetz, dass sich ein Kreisel stets an der Rotationsachse der Erde ausrichtet. Ein sich mit 20.000 Umdrehungen in der Minute drehender Kreisel nutzt die Rotation der Erde, um Norden zu suchen. Der Anschütz-Kompass, in der alten Fischhalle, dem Schifffahrtsmuseum, zu sehen, hat sich weltweit als Navigationsgerät durchgesetzt. Auch wenn wir heute GPS haben – ein Kreiselkompass ist oft immer noch an Bord.

Als Hermann Anschütz-Kämpfe seinen Kreisel 1904 zum Patent anmeldet, kommt es zum Streit mit anderen Tüftlern, die auch daran arbeiten. Physik-Genie Albert Einstein wird als Gutachter hinzugezogen. Er und Anschütz-Kämpfe befreunden sich, gemeinsam entwickeln sie den Kompass weiter. In Kiel hat Einstein deshalb oft seine Sommerferien verbracht, er war auch ein begeisterter Segler. Vom Sporthafen Dietrichsdorf aus ist er mit seinen Söhnen und dem Freund zu Segeltörns auf der Ostsee gestartet. Ganz nah am Hafen im Heikendorfer Weg hatte Einstein eine kleine Wohnung, er nannte sie »meine Diogenes-Tonne«. Das Haus steht aber nicht mehr.

Adresse Wall 65, 24103 Kiel-Altstadt, Tel. 0431/9013428 | **Anfahrt** Bus 41, 42, 61, 62, Haltestelle Seegarten / Ostseekai; Fördedampfer F 1, Anlegestelle Seegartenbrücke | **Öffnungszeiten** 15. April – 14. Okt. täglich 10 – 18 Uhr, 15. Okt. – 14. April Di – So 10 – 17 Uhr | **Tipp** Appetit auf Fish 'n' Chips, Hering mit Bauernbrot, Braten? Im Bistro »Der Alte Mann« in der Fischhalle wird Deftiges serviert (Öffnungszeiten: Di – Do und So 10 – 19 Uhr, Fr – Sa 10 – 21 Uhr).

11 Das Onkel-Ludwig-Relief

Räuber haben den hilfsbereiten Kieler erschlagen

Nicht viele Kieler haben je von Ludwig Goedecke gehört. Wenige nur, die rund um den Alten Markt arbeiten oder leben. Hier war Goedeckes Revier. Hier gab er seine bestimmten, aber immer höflichen Regieanweisungen. 21 Jahre lang.

1946. Der gelernte Schiffbauer kann in seiner Heimatstadt keine Arbeit finden, die Werften sind nach dem Zweiten Weltkrieg zerbombt. Aber Ludwig Goedecke lässt sich nicht unterkriegen. Der Marktplatz am nördlichen Ende der Holstenstraße ist damals noch nicht Fußgängerzone und mit Geschäftspavillons zugestellt. Die Stadt nutzt ihn als Parkplatz, ein Aufpasser kann da nicht schaden. Ludwig Goedecke übernimmt den Job. Hier steht er in seinem abgewetzten Zweireiher-Mantel. Am rechten Arm, mit dem er den Autofahrern die Parkbuchten zuweist, trägt er eine weiße Ordner-Binde. Auf dem Kopf sitzt eine Schirmmütze. »Parkwache Alter Markt« ist darauf in Spiegelschrift geschrieben, damit man es auch im Rückspiegel lesen kann. Unter der Mütze ein schmales Gesicht: freundliche Augen, weit abstehende Ohren, breiter Schnauzbart und im linken Mundwinkel oft ein Zigarillo. Ludwig Goedecke hat seine ganz spezielle Art, seine Arbeit zu tun. Er hält die Autotür auf und hilft beim Einsteigen, er hievt schwere Taschen über die Kofferraumkante. Knorrig ist er manchmal, aber immer liebenswert. Schon bald ist er als Unikum bekannt. »Onkel Ludwig« nennen ihn die Kieler.

Ludwig Goedecke ist auch mit 81 Jahren noch der Parkplatzwächter vom Alten Markt. Dann, am 21. Februar 1967, es war ein Dienstag, wird er von zwei jungen Räubern an seiner Wohnungstür erschlagen. Ein Bronzerelief am Betonpfeiler eines Geschäftshauses an der Ecke Küterstraße / Kehdenstraße erinnert heute an »Onkel Ludwig«. Es zeigt das Gesicht Ludwig Goedeckes. »Ein liebenswürdiges Kieler Original« ist darunter geschrieben. »Und er tat viel Gutes.«

LUDWIG GOEDECKE
(GENANNT "ONKEL LUDWIG")

EIN LIEBENSWÜRDIGES
KIELER ORIGINAL

ER WIRKTE VON 1946 BIS 1967 ALS
PARKWÄCHTER AUF DEM ALTEN MARKT
UND TAT VIEL GUTES

DIESE GEDENKTAFEL STIFTETEN
DANKBARE KIELER BÜRGER

Adresse Alter Markt 7, 24103 Kiel-Altstadt | **Anfahrt** Bus 11, 50, 51, 60S, 71, 72, 81, 91, 92, 100, 101, 501, 502, 701, 703, 900, 903, Haltestelle Holstenbrücke; Fördedampfer F 1, Anlegestelle Seegartenbrücke | **Tipp** Nur wenige 100 Meter nördlich steht links in der Dänischen Straße der Warleberger Hof. Er ist das älteste noch erhaltene Adelspalais der Stadt aus dem frühen 17. Jahrhundert und heute Stadtmuseum.

12 Der Ostseekai

Kreuzfahrtschiffe mitten in der Stadt

Die Queen kommt. Majestätisch! Zentimeter um Zentimeter schraubt sie sich in den Hafen. Seiten-Propeller drehen das 294-Meter-Schiff um die eigene Achse, bis das Heck Richtung Hörn und der Bug auf die Förde zeigen. Lautlos schiebt sich der mitternachtsblaue Rumpf mit den weißen Aufbauten und dem für die britische Cunard-Reederei typischen schwarz-roten Schornstein an die Kaimauer heran. Die 2.000 Passagiere an Deck haben von ihren Balkonen aus beste Sicht auf den Rathausturm. Die Schaulustigen an Land legen den Kopf in den Nacken, staunen, winken mit Fähnchen. Die Queen ist wieder da!

In keiner anderen deutschen Hafenstadt sind die Ozeanriesen so zum Greifen nah. Und ohne Frage ist die Queen Elizabeth das eleganteste der Kreuzfahrtschiffe, die im Kieler Hafen festmachen. Die anderen bringen zwar mehr Passagiere – 3.000 kommen mit der MSC Orchestra, 3.800 mit der Costa Pacifica –, aber so edel wie auf der Queen Elizabeth reist man sonst nur auf ihren Schwesterschiffen Queen Mary 2 und Queen Victoria.

Der Ostseekai hat mit Liegeplätzen von 285 und 355 Metern Länge Platz für zwei dieser Luxusliner. Im Ostuferhafen hat man ein weiteres Kreuzfahrtschiff-Terminal gebaut. Zu manchen Terminen drängen sich vier solcher Ozeanriesen im Hafen. Die Kussmund-Flotte der AIDA-Reederei, die Eurodam, der Großsegler Sea Cloud II. Zusätzlich zu den täglichen Fähren nach Norwegen und Schweden, die so lang wie zwei Fußballfelder sind. Zwei Millionen Passagiere gehen in Kiel jährlich an oder von Bord eines Fähr- oder Kreuzfahrtschiffes. Tendenz weiter steigend. Kiel mit seinen modernen Terminals ist drittgrößter Reisewechselhafen in Nordeuropa. Für die Traumschiffe idealer Ausgangspunkt ihrer Reisen durchs Nordmeer und ins Baltikum. Und für die Kieler Wirtschaft wichtig. Marktforscher haben ausgerechnet, dass Kreuzfahrt-Reisende im Start- und Zielhafen bis zu hundert Euro ausgeben.

Adresse Düsternbrooker Weg, Höhe Straße Prinzengarten, 24103 Kiel-Altstadt, Tel. 0431/9822140 | **Anfahrt** Bus 41, 42, 61, 62, Haltestelle Seegarten/Ostseekai; Fördedampfer F1, Anlegestelle Seegartenbrücke | **Öffnungszeiten** Zutritt zum Cruise-Terminal haben nur Kreuzfahrtpassagiere, das An- und Ablegen der Schiffe und wie sie beladen werden, ist dennoch gut zu beobachten. | **Tipp** Gegenüber dem Terminal liegt auf der anderen Seite des Düsternbrooker Wegs der gepflegte Schlossgarten.

13_Der Segler

Immer geradeaus: Er segelt von West nach Ost

Für viele ist ja das Angrillen und das Abgrillen liebste Freizeitbeschäftigung. Die Menschen an der Kieler Förde gehen sportlicher durchs Jahr. Tausende Liegeplätze stehen in den Sporthäfen für Segelboote bereit. Das Abslippen und das Aufslippen bestimmt die Saison – sein Boot über die Slipanlage zu Wasser lassen oder es wieder an Land zu ziehen. Dazwischen wird angesegelt, viel gesegelt und abgesegelt.

Einer, den die Jahreszeiten überhaupt nicht kümmern, ist der Segler am Ostseekai. Er führt sein Boot auch durch die schwersten Herbst- und Winterstürme. Der Segler des Künstlers Karlheinz Goedtke kennt auch nur eine Richtung, von West nach Ost. Sein schlankes Boot von fünf Metern Länge ist auf einer 15 Meter hohen Betonstele montiert. Das Segel ist durch einen Mast nur angedeutet. Der weit nach hinten gebeugte Bootsführer scheint die Ruderpinne und eine Leine in den Händen zu halten. Wie bei vielen seiner Figuren spielt der Bildhauer mit gestreckten, angewinkelten und überkreuzten Körperteilen, erzeugt so eine spannungsreiche Komposition. Der Kunsthistoriker Jens Rönnau beschreibt die Bronzeplastik als »insgesamt zeichenhafte Figur«. Zur Kieler Woche 1962 wurde sie eingeweiht.

Karlheinz Goedtke hat 200 Großplastiken für den öffentlichen Raum modelliert. Die Figur des Till Eulenspiegel für einen Brunnen in der Eulenspiegel-Stadt Mölln, wo er sein Atelier hatte, machte ihn berühmt. Bekannt sind auch die drei »Oldenburger Reiter«, der »Taschenmann« vor einer Sparkasse in Ratzeburg oder sein »Auferstehender Jesus« an der Osterkirche in Kiel. In der Landeshauptstadt sind an manchen Plätzen Figuren von Goedtke zu finden. Witzig ist der »Inkieker« vor einem früheren Pflegeheim (Wahlestraße 22). Der schlanke, junge Mann steht leicht nach vorn gebeugt und mit gestrecktem Hals, so als wolle er im Gebäude etwas auskundschaften. Goedtkes »Flötenbläser« musiziert am Holstenplatz.

Adresse Nähe Ostseekai, Höhe Straße Prinzengarten, 24103 Kiel-Altstadt | **Anfahrt** Bus 41, 42, 61, 62, Haltestelle Seegarten/Ostseekai; Fördedampfer F1, Anlegestelle Seegartenbrücke | **Tipp** Auf der anderen Seite der Straße steht das sogenannte Kieler Schloss, ein Funktionsbau mit Konzerthalle. Der dreigeschossige Backsteinbau dahinter, der Rantzaubau, ist der letzte erhaltene Rest des historischen Schlosses.

14 Der Werftarbeiter

Von diesem Denkmal nimmt kaum einer Notiz

Was hat Kiel den Werftarbeitern nicht alles zu verdanken. 30.000 waren es zur Blütezeit der Werften. Die Schweißer und Schlosser haben mit ihrer Arbeit die Werft-Besitzer reich gemacht und dem Stadtrat den Steuersack gut gefüllt. Tatsächlich hat man dem Werftarbeiter 1959 ein Denkmal gesetzt. Aber an welcher Stelle?! An einer mehrspurigen Straßenkreuzung! Autofahrer rauschen achtlos an ihm vorbei, Fußgänger kommen hier auch nicht viele entlang. Wertschätzung geht anders!

Gebückt kniet der Werftarbeiter im Arbeitsoverall und mit Schutzhelm auf einem Granitsockel über zwei schweren Platten, wie man sie für den Schiffbau braucht. Sein Gesicht ist nicht zu sehen. Könnte der Bronzemann des Künstlers Walter Rössler den Kopf heben, würde er auf der anderen Seite der Förde die Portalkräne sehen, die früher Wahrzeichen der Howaldtswerke-Deutsche Werft (HDW) waren. Heute gehören sie zum Konzern ThyssenKrupp Marine Systems. Die Geschichte der Kieler Werften reicht 200 Jahre zurück. Zunächst wurden in den Werkstätten auf dem Ostufer der Förde allerdings Dampfmaschinen und landwirtschaftliche Geräte gefertigt. Der Schiffbau begann 1865, als man die preußische Marinestation von Danzig nach Kiel verlegte. Die Königliche Werft entstand, die später die Kaiserliche Werft wurde, die Krupp-Germania-Werft, die Werft der Howaldtswerke. Heute arbeiten wieder mehr als 2.500 Ingenieure, Techniker, Arbeiter auf den Werften, weitere werden eingestellt, weil das Geschäft mit den U-Booten und den Luxusyachten für Superreiche ein einträgliches ist.

Es ist nicht die Schuld der Arbeiter, dass die Werften Kiel auch viel Leid gebracht haben. Weil die Stadt auch im Hitler-Deutschland Marinestützpunkt und einer der wichtigsten Rüstungsstandorte war, haben Flugzeuge der Alliierten Kiel und vor allem die Werften zerbombt. Tausende Menschen starben, 80 Prozent der Stadt waren zerstört.

Adresse nördliches Ende der Straße Wall / Ecke Straße Prinzengarten, 24103 Kiel-Altstadt | **Anfahrt** Bus 32, 33, 61, 62, Haltestelle Schlossgarten; Fördedampfer F 1, Anlegestelle Seegartenbrücke | **Tipp** Einen prominenteren Standort hat Asmus Bremer bekommen. Mit Dreispitz-Hut und weitem Mantel sitzt der Bronzemann unter einem Baum in der nahen Fußgängerzone (Holstenstraße / Asmus-Bremer-Platz). Asmus Bremer war volksnaher Bürgermeister Kiels. Touristen machen gern ein Selfie mit ihm.

15 Die Zar-Peter-Statue

Der russische Monarch wurde in Kiel geboren

Säufer. Casanova von St. Petersburg. Infantiler Nichtsnutz, der als Erwachsener mit Puppen spielte. Oder Friedensstifter? Visionärer Reformer mit sozialem Gewissen? Die Interpretationen über den wahren Charakter von Zar Peter III. könnten nicht unterschiedlicher sein. Der Garten am Kieler Schloss war sein Kinderspielplatz. Nun hat man dem russischen Kaiser Pjotr Fjodorowitsch, der nur ein halbes Jahr im Amt war, hier ein bronzenes Denkmal gesetzt. Ein umstrittenes, denn sollten aufgeklärte Weltbürger posthum einem Monarchen huldigen? Es ist das einzige Zaren-Ehrenmal in Deutschland.

Viele Kieler wissen gar nicht, dass Peter III. einer von ihnen war. Karl Peter Ulrich wird im Februar 1728 als Sohn des Herzogs von Schleswig-Holstein-Gottdorf und dessen Frau, Tochter von Zar Peter I., geboren. Die Eltern sterben früh, mit elf Jahren wird die Waise selbst Herzog. Er ist 14, als seine kinderlose Tante, die Kaiserin Elisabeth I., den Neffen nach St. Petersburg bringen lässt. Er soll nach ihr den Thron besteigen. Vorher tritt er zum orthodoxen Glauben über, nennt sich nun Pjotr, wird verheiratet mit einer entfernten Cousine. Die lebenshungrige Katharina wird später »die Große« genannt. Wird berühmt wie berüchtigt. Mit 34 Jahren wird Pjotr der neue Zar. Bringt 200 Gesetze auf den Weg. Verbietet die Folter, verspricht die Abschaffung der Leibeigenschaft. Streicht die Salzsteuer und führt für den Adel eine Luxussteuer ein. Bleibt seinem Ruf als Trinker und Weiberheld treu. Was aber die Affären angeht, steht Katharina ihrem Mann in nichts nach. Noch im Jahr der Thronbesteigung wird Zar Peter III. ermordet. Erwürgt, heißt es in einigen Quellen. Katharina soll nichts dagegen gehabt haben. Jetzt war sie die Herrscherin.

Die Statue des russischen Künstlers Alexander Taratynov zeigt den Zaren stehend ohne Zepter neben seinem Thron. Der lädt zum Platznehmen ein.

Adresse im Schlossgarten, Ecke Dänische Straße / Prinzengarten, 24103 Kiel-Altstadt | **Anfahrt** 32, 33, 61, 62, Haltestelle Schlossgarten; Fördedampfer F 1, Anlegestelle Seegartenbrücke | **Öffnungszeiten** ganzjährig | **Tipp** Am Anfang der Dänischen Straße steht vor dem Landeskirchenamt die Kilia mit wallendem Gewand, Brustpanzer und einem Ruder in der Hand. Sie soll das Selbstwertgefühl Kiels darstellen.

16__Das Café Centro im Metro

Kino, Kabarett, Comedy an historischem Ort

Warum den Sonntag nicht mit einem Kino-Frühstück beginnen? Und sich danach einen Film ansehen? Muss ja nicht immer Mainstream sein. Das Kino Metro im Schlosshof zeigt auch Arthouse-Programm, Autorenfilme. Eingestimmt mit einem Brunch oder einem Panini, dazu Cappuccino und Prosecco, ist das ein doppeltes Vergnügen. Das Café Centro im Metro mit dem Charme und Interieur schönster Kino-Tradition hat sich zu einem Genießer-Treffpunkt entwickelt. Es ist dazu noch ein geschichtsträchtiger Ort, was in Vergessenheit geraten ist.

Der Schlosshof ist Konzerthaus mit Gastronomie, als im November 1918 in Deutschland die Demokratie ihren Anfang nimmt. Der Matrosenaufstand erschüttert Kiel und das ganze Land. Die Soldaten wollen sich nicht verheizen lassen in den letzten Tagen des ohnehin verlorenen Ersten Weltkriegs, sie fordern »Frieden und Brot«. Und Kiel ist die Keimzelle der Revolution. Gustav Noske, Reichstagsabgeordneter der SPD, den sie am Vortag zum Vorsitzenden des Soldatenrates gemacht haben, soll am Nachmittag des 6. November im Schlosshof zu den Meuterern sprechen. Er ist von Berlin beauftragt, ein Angebot zu machen: Straffreiheit für die Aufständischen, Waffenstillstand, Reformen zur Demokratisierung. Aber die Versammlung läuft aus dem Ruder. Redner schneiden sich das Wort ab. Die Revolutionäre wollen sich nicht beschwichtigen lassen.

1939 wurde der Schlosshof Lichtspielhaus. Im Krieg zerstört, eröffnete 1952 das Metro. Es gelang, hier Welt- und Deutschland-Premieren zu zeigen, Schauspieler und Regisseure nach Kiel zu holen. Als am Bahnhof ein Multiplex-Kino errichtet wurde, war Schluss für das Metro. Zehn Jahre war es geschlossen. Ein neuer Betreiber startete 2006. Ihm gelang es, das Kino auch zu einem kulturellen Zentrum zu machen. Im größten der drei Säle treffen sich die Kieler zu Autorenlesungen, Comedy- und Kabarettauftritten und Konzerten.

Adresse Holtenauer Straße 162–170, 24105 Kiel-Blücherplatz, Tel. 0431/2207890 | **Anfahrt** Bus 11, 501, 502, 701, 703, 900, 901, Haltestellen Schauspielhaus und Hardenbergstraße | **Öffnungszeiten** Mo–Fr ab 14 Uhr, Sa ab 10 Uhr, So ab 9.30 Uhr | **Tipp** Es lohnt ein Spaziergang durch die Straßen rund um den nahen Blücherplatz. Die Wohnungen in den Gründerzeithäusern mit hohen Decken und Stuck haben ihren Preis.

17__Das Extrawürste 56

Vom Highland-Rind mit Chutney: Wurst mal anders

Nachhaltig. Regional. Handwerklich verantwortungsvoll produziert. Die Attribute, welche die Würste von Maximilian Bruhn beschreiben, charakterisieren auch sein Selbstverständnis als Gastwirt und das seiner Lieferanten. »Wir wollen kulinarischen Naturschutz. Wir leben den Leitspruch: Esst, was ihr schützen wollt!« Die Highland-Robustrinder, die bei Maximilian Bruhn in die Wurst kommen, grasen ganzjährig auf wilden Weiden, dürften glückliche Tiere sein. Sie werden stressfrei getötet und sorgsam geschlachtet. Das Fleisch in der Currywurst stammt von Bio-Schweinen. Gezüchtet werden sie auf dem Versuchsgut Lindhof der Christian-Albrechts-Universität zu Kiel.

Maximilian Bruhn ist ausgebildeter Koch, Kellner, Hotelfachmann, Fleischer, Konditor. Er hat ein Hotel hinterm Deich mit angesehenem Restaurant geführt. Und er hat den Verein Feinheimisch gegründet, der sich die Verarbeitung von regionalen, ökologisch sauber produzierten Lebensmitteln zur Aufgabe gemacht hat. Seit einigen Jahren betreibt Maximilian Bruhn den Edel-Imbiss »Extrawürste 56«, die Zahl ist der Adresse geschuldet. »Unsere Extrawürste bestehen aus reinem, magerem Fleisch. Ihnen werden keine Geschmacksverstärker, Emulgatoren oder andere Zusätze beigemischt. Das Brät wird ausschließlich mit gutem Salz und Pfeffer und feinen Kräutern veredelt.« Nicht »langweilig fluffig« wie viele industriell hergestellte Würste sollen sie schmecken, sondern fleischig.

Die Kunden können die Würste zur eigenen Zubereitung kaufen oder vor Ort verzehren, was die meisten tun. Einen Hotdog, der hier »Heißer Pudel« heißt, eine Bauernbratwurst mit Honig-Balsamico-Zwiebeln und Remoulade im Fladenbrot. Eine Highland-Cattle-Bratwurst mit dreierlei Kartoffelsalat und Holzofenbrot. Oder die vegetarische Wurst aus Polenta und Sellerie im Dinkelfladen mit Apfel-Aprikosen-Chutney und Schmand. »Wir können davon gar nicht genug produzieren.«

Adresse Holtenauer Straße 56, 24105 Kiel-Brunswik, Tel. 0431/99019765 | **Anfahrt** Bus 11, 60S, 62, 501, 502, 701, 703, 900, 901, Haltestelle Dreiecksplatz | **Öffnungszeiten** Mo–Fr 11–19 Uhr, Sa 10–18 Uhr | **Tipp** Nach der würzigen Wurst Lust auf Süßes? Bei der »Schokodeern«, Holtenauer Straße 106, gibt's Zitronentarte oder Pralinenspezialitäten wie den Preiselbeerhut (Öffnungszeiten täglich 10–19 Uhr).

18__Das Höhenflug

Lenkdrachen und anderes Erwachsenen-Spielzeug

Dass Männer am liebsten in Spielzeugkisten leben möchten, ist bekannt. Da kann es neidisch machen, wie Stefan Schneider dieses Bedürfnis mit seinem Berufsleben hat vereinbaren können. »Tatsächlich sagen die Leute: Sie haben es gut. Sie können den ganzen Tag spielen!«, erzählt der Inhaber des Ladens »Höhenflug«, Fachgeschäft für Lenkdrachen, Erwachsenen- und Kinderspielzeug. Es ist auch wirklich so, dass Schneider und seine Mitarbeiter alles ausprobieren, was sie verkaufen. Bei 10.000 Artikeln in den Regalen darf Stefan Schneider viel spielen. Jährlich wechselt ein Drittel des Sortiments. Wobei das »Höhenflug« nicht unbedingt den Mainstream bedient. »Man muss Nischen suchen und finden. Einen guten Riecher haben.«

Die Sache mit dem guten Riecher klappt schon Ende der 1980er Jahre. Stefan Schneider ist damals Architekturstudent an der Muthesiusschule. Abends werden in der Wohngemeinschaft Drachen gebastelt. Die Studenten wollen in Brokdorf gegen das Atomkraftwerk demonstrieren, und die Drachen sollen die Hubschrauber von ihnen fernhalten. Es werden schöne Drachen, gefertigt nach Vorlagen aus der Bücherei. »Und irgendwie hatte ich keine Lust, mir die Drachen von der Polizei kaputt machen zu lassen.« Stefan Schneider jobbt nebenher in einem Fahrradladen, fortan bietet er dort auch seine Drachen an. Die Kunden reißen sich um sie.

Seit 1999 ist die Holtenauer Straße Firmensitz. Das »Höhenflug« ist spezialisiert auf Einsteiger-Drachen und Drachen für Semi-Profis. Auf Einleiner, Zweileiner-Matten, Deltas, Kasten-Drachen. Auf Stab-Lenkdrachen und stablose. Auf Vierleiner-Drachen und Kampfdrachen. Stefan Schneider selbst hat wohl 200 der lustigen Flieger im Keller. Sein Liebling ist eine 27 Meter lange Turbine, die der Wind zum Wirbeln bringt. Drachen von zwölf Quadratmetern Größe halten sie in der Luft. Er braucht vier Helfer, um dieses Schauspiel zu inszenieren.

Adresse Holtenauer Straße 35, 24105 Kiel-Brunswik, Tel. 0431/804604 | **Anfahrt** Bus 11, 60S, 62, 501, 502, 701, 703, 900, 901, Haltestelle Dreiecksplatz | **Öffnungszeiten** Mo−Fr 10−19 Uhr, Sa 10−18 Uhr | **Tipp** Ein guter Platz, um einen Drachen steigen zu lassen, sind die Strände und Deiche der kleinen Orte Brasilien und Kalifornien östlich von Laboe.

19__Die Klagemauern
Wuchtige Wohnblocks und Koffer-Installation

Kiel hat sogar zwei Klagemauern. Jede arbeitet auf ihre eigene Weise den Irrsinn Nazideutschlands auf.

Nur ältere Kieler kennen den Begriff Klagemauer für die Bebauung an der unteren Holtenauer Straße. In der Stadt sind am Ende des Zweiten Weltkriegs drei Viertel der Wohngebäude zerstört. Die Not ist so groß, dass die britische Besatzungsmacht schon im Juli 1945 aus eigenen Beständen Material für den Wiederaufbau zur Verfügung stellt. Vorher müssen fünf Millionen Kubikmeter Trümmer abgeräumt werden, das entspricht 1.880 Güterzügen mit der heute erlaubten Maximallänge von 740 Metern. Steine, die man noch brauchen kann, werden aussortiert. Die Holtenauer Straße zwischen Dreiecksplatz und Jungmannstraße ist einer der Schwerpunkte im Aufbauplan. Hier werden hintereinandergestaffelt fünfgeschossige Wohnblocks hochgezogen. Mit Flachdächern im rechten Winkel zur Straße, eine Ladenzeile ist vorgelagert. Mit Glasarkaden wird diese später aufgehübscht, die Häuser bekommen Balkone. Klagemauer nennen die Kieler anfangs diesen wuchtigen Riegel, weil Mieten und Preise in den Geschäften hoch gewesen sein sollen. Es wird aber auch erzählt, dass zuvor die Menschen an die Ruinen Vermisstenanzeigen anschlugen.

»Koffermauer – Klagemauer« hat der Künstler Raffael Rheinsberg eine seiner Installationen genannt. Sie gehört zum Fundus der Stadtgalerie, wird immer mal wieder aufgebaut. Eine Wand aus Hunderten gebrauchten Koffern, 20 Meter lang, drei Meter hoch. Rheinsberg ist in Kiel von Haus zu Haus gelaufen und hat nach ausrangierten Gepäckstücken gefragt, dann hat er sie gestapelt. Zuerst war die Wand in der Innenstadt aufgebaut. »Koffermauer – Klagemauer« soll erinnern an die Millionen Juden, die ihr Hab und Gut abgeben mussten, bevor sie ermordet wurden. Und an die Millionen Vertriebenen der Kriege, die auf der Flucht oft ihren letzten Koffer irgendwo stehen lassen mussten.

Adresse Holtenauer Straße, 24105 Kiel-Brunswik (Wohnblocks), Andreas-Gayk-Straße 31, 24103 Kiel-Vorstadt, Tel. 0431/9013400 (Stadtgalerie) | **Anfahrt** Bus 11, 60S, 62, 501, 502, 701, 703, 900, 901, Haltestelle Dreiecksplatz (Wohnblocks), Bus 11, 32, 33, 41, 42, 50, 51, 60S, 61, 62, 71, 72, 81, 91, 92, 100, 101, 501, 502, 701, 703, 900, 901, Haltestelle Andreas-Gayk-Straße (Stadtgalerie) | **Öffnungszeiten** Di–Mi und Fr 10–17 Uhr, Do 10–19 Uhr, Sa–So 11–17 Uhr (Stadtgalerie) | **Tipp** Nicht weit entfernt von der Stadtgalerie liegt die Nostalgie-Kaffeerösterei und Teehandlung Paul Heyck, Faulstraße 2A (Tel. 0431/94174).

20___Das Glückslokal

Jeder bekommt etwas geschenkt

Vielleicht hat ja jemand Gefallen an dem ausgestopften Frettchen. Im Keller würde es nur weiter einstauben. Aber gleich in den Müll mit dem Teil aus Opas Nachlass? Die Zeitgeist-Blumenvase in Wellenform, vor Jahren beim Möbel-Discounter schnell mitgenommen, aber dann hat man sich daran sattgesehen – in den Glascontainer? Eigentlich schade. Geschirr, Hübsch-Hässliches, Spielzeug, ein Röhren-Fernsehgerät, Taschen aller Art, Modeschmuck, Tücher, Tücher, Tücher, Schuhe. Das Glückslokal ist mehr als der Grabbeltisch auf dem Flohmarkt. In Regalen in mehreren Räumen sind die Dinge ordentlich präsentiert. Viele Klamotten auf Kleiderstangen. Mehr Frauen- als Männersachen.

Die Idee ist einfach: Man wirft nichts weg, man schenkt es her. An andere, die auch achtsam umgehen möchten mit Ressourcen. Frau kennt das doch: Der Kleiderschrank ist voll, aber sie hat trotzdem nichts zum Anziehen. Die Sachen passen nicht mehr oder entsprechen nicht dem neuen Stil. Ausmisten müsste man mal wieder! Aber wegschmeißen? Vielleicht ist da jemand, der sich in genau diesen Fummel verlieben könnte. Ein Glück! Für beide. Vielleicht findet man selbst etwas, was gut zum neuen Outfit passt. Und keinen Cent kostet. Doppeltes Glück!

Das Glückslokal in den ehemaligen Werkstätten der Muthesius-Kunsthochschule ist ein Mitmachprojekt, ein Umsonstladen für Mitglieder. Für drei Euro Monatsbeitrag gehört man zum Verein. Dafür darf man sich beschenken lassen, bei jedem Besuch kostenlos maximal drei Teile mitnehmen. Wenn man selbst etwas abgeben möchte, bringt man es mit. Das ist aber kein Muss. 300 Mitglieder hat der Verein innerhalb eines Jahres gewonnen. Auch Nichtmitglieder spenden Gebrauchtes. »Wir wollen uns glücklich schenken«, sagt Nina Lage-Diestel, Vorstandsmitglied des Non-Profit-Clubs und sonst beim Anwalt tätig. »Wir wollen aber auch darüber nachdenken, kritischer zu konsumieren.«

Adresse Lorentzendamm 6–8, 24103 Kiel-Damperhof, Tel. 0178/4045961 | **Anfahrt** Bus 32, 33, 61, 62, Haltestellen Schlossgarten und Hospitalstraße | **Öffnungszeiten** Di und Do 16–19 Uhr, 1. und 3. So im Monat 14–17 Uhr | **Tipp** Geht man den Lorentzendamm weiter nach Westen, sieht man auf der Wasserfläche links, Kleiner Kiel genannt, 27 Aluminium-Tetraeder. Wie Segelboote drehen sie sich im Wind. Die Objekte des Künstlers Ulrich Behl werden nur in den warmen Monaten inszeniert.

21 Das Juchuuuuh

Willkommen in der Kunsthochschule

Das »Juchuuuuh« ist mit umgezogen. Vom alten Standort an der Brunswiker Straße an den neuen Campus an der Legienstraße. Für mehr als elf Millionen Euro hat Schleswig-Holstein der Muthesius-Kunsthochschule die neue Kreativ-Stätte aus historischen Gebäuden und modernen Funktionshäusern um einen gestalteten Innenhof finanziert. 2012 war Umzug. Und das »Juchuuuuh« leuchtet wieder mit Beginn der Dämmerung in seinen Neonfarben über dem Portal.

Der frohlockende Ausruf in Schreibschrift ist das Werk des Künstlers Ingo Gerken. Nach einer Ausbildung zum Theatermaler studierte er an der Kunsthochschule, die einzige des Landes und die jüngste in Deutschland. Das »Juchuuuuh« ist Teil seiner Diplomarbeit. »Es feierte bewusst überdimensional und plakativ mein eigenes Ende an der Schule. Ein selbstironischer letzter Seufzer als Ausdruck unmittelbarer Freude.« Der Kunsthochschule hat die Installation gefallen, sie kaufte sie als ihr Aushängeschild an.

Kommunikations- und Industriedesign, Raumstrategien, Malerei, Bildhauerei, Zeichnung und Grafik, aber auch Kunsterziehung am Gymnasium können die Studenten an der Muthesius-Kunsthochschule lernen. Die Bachelor- und Master-Aspiranten haben Glück, hier angekommen zu sein. Nur wenige werden pro Semester zugelassen. Auf nicht einmal 600 Studierende kommen hundert Mitarbeiter, davon 30 Professoren. Als innovativ gilt die interdisziplinäre Studienstruktur, das sogenannte Muthesius-Netzwerk. Es verknüpft alle Studienbereiche. Werkstätten für Fotografie, Video, Buchbinderei, Siebdruck, Bildhauerei, Holz und Kunststoff, Metall und Modellbau sind integriert. Seinen Namen hat das Institut vom Architekten Hermann Muthesius. Die Hochschule hat internationalen Ruf. Studierende und Lehrer gewinnen regelmäßig beim renommierten Red Dot Design Award. Schillernder Professor war Bernhard Schwichtenberg. Lehrer, Künstler und engagierter Streiter.

Adresse Legienstraße 35, 24103 Kiel-Damperhof, Tel. 0431/5198400 | **Anfahrt** Bus 51, 52, Haltestelle Kunsthochschule | **Tipp** Im Kesselhaus, der Mensa des Studentenwerks, sind Gäste willkommen. Sie zahlen einen Aufpreis, das Essen ist aber immer noch günstig (Speiseplan unter www.mensaplan.de, Öffnungszeiten: Mo – Fr 11.30 – 14 Uhr, Cafeteria Mo – Do 9 – 16 Uhr, Fr 9 – 15.30 Uhr, Tel. 0431/5198456).

22 Die Spar- und Leihkasse

Ihr Gründungsziel: Armut verhindern

Johann Carl Cirsovius war ein feiner Mann. Er war Justitiar der schleswig-holsteinischen Ritterschaft. Den Freiherren und Grafen ging es gut auf ihren schlossgleichen Landsitzen. Aber das Volk war arm. Arbeit im Schiffbau gab es nur in der milden Jahreszeit. Wenn es Herbst wurde, kamen Hunger und Not über viele Familien. Tagelöhner und Dienstboten wurden zu Bettlern. In Kiel gründeten Angehörige der wohlhabenden Stände, dem Humanitätsideal verpflichtet, die »Gesellschaft freiwilliger Armenfreunde«. Cirsovius war Mitglied in diesem ehrenwerten Club.

1796 hatte er die Idee, seinem Verein die Gründung der Spar- und Leihkasse vorzuschlagen. Gewinne wollte man vorerst keine machen, aber der Armut vorbeugen, statt die Armen zu füttern. Als Ziel wurde formuliert: »Jeder kann sich selbst belehren, wie viel ihm frühe Sparsamkeit wert ist. Wie er sich durch eigene Kräfte eine würdige Versorgung für seine alten Tage sichern kann. Ein braves Dienstmädchen kann zu einem Bette oder einem anderen nutzbaren Hausrate, ein fleißiger Geselle zu seiner ersten Einrichtung als Meister, ein guter Lehrbursche zu seinem Gesellenkleide den ersparten Pfennig sammeln und sich durch Zinsen und Aufzinsen nutzbar machen.« Einlagen wurden mit vier Prozent verzinst, Kredite für vier Prozent vergeben. Wohltätige Kieler deckten die Verluste, die durch die laufenden Kosten entstanden. Erst neun Jahre später wurden Kredite um einen Prozentpunkt teurer. Die Spar- und Leihkasse konnte sich jetzt selbst finanzieren.

Aus ihr wurde die Sparkasse Kiel. Seit 2007 heißt sie Förde Sparkasse. Mit Stiftungen und viel Sponsoren- und Spendengeld engagiert sie sich in der Region. Die Bürgergalerie im Foyer des imposanten Hauptgebäudes zeigt als ständige Ausstellung die umfangreiche Sammlung moderner Kunst von Hans Hermann Henseleit, einst Chef im Feuilletonressort der Kieler Nachrichten, und wechselnde Präsentationen.

Adresse Lorentzendamm 28–30, 24103 Kiel-Damperhof, Tel. 0431/5920 | **Anfahrt** Bus 11, 81, 91, 92, 501, 502, 701, 703, 900, 901, Haltestelle Lorentzendamm | **Öffnungszeiten** Mo und Do 9–18 Uhr, Mi 9–13 Uhr, Di und Fr 9–16 Uhr | **Tipp** Über den Lorentzendamm führt der Weg zum Hiroshimapark. Der Wasserpavillon dort ist eine Installation des dänischen Künstlers Jeppe Hein. Man kann sich hineinstellen, ohne nass zu werden.

23___Die Benthokosmen

Im Aquarium schwimmen Heringe 10.000 Kilometer

Heringen scheint nicht schwindlig zu werden. Im Kieler Aquarium schwimmen Hunderte ganz dicht beieinander in einem Glaszylinder im Kreis. Immer in dieselbe Richtung. An 365 Tagen im Jahr. 24 Stunden am Tag. Nachts etwas langsamer. Die Heringe schaffen über 27 Kilometer am Tag, mehr als ein Halbmarathon. 10.000 Kilometer von Januar bis Dezember. Dass die Dauerschwimmer auch im Meer im Schwarm leben, hat große Vorteile für die Fische: Viele Augen erkennen einen Feind früher, zusätzlich wird der Angreifer durch das Gewimmel verwirrt. In vielen Schaubecken sind die Lebenswelten von Tieren und Pflanzen in der Ost- und Nordsee, im Nordatlantik, im Mittelmeer und in tropischen Meeren nachempfunden. Nemo ist auch da, der Clownfisch. Er wohnt in einer Seeanemone. Vor dem Aquarium planschen die Seehunde Kielius, Jimmy, Sally, Krümel und Luna fürs Publikum.

Das Aquarium gehört zum GEOMAR Helmholtz-Zentrum für Ozeanforschung. In den Laboratorien des Instituts über dem Aquarium und am zweiten Standort am Seefischmarkt arbeiten 750 Menschen, 400 von ihnen sind Wissenschaftler. Vier Forschungsschiffe stehen zur Verfügung. Sie heißen »Alkor«, »Poseidon«, »Littorina« und »Polarfuchs«. Manchmal liegen sie an der Pier vor dem Aquarium. Ein Tauchroboter des Instituts kann noch in sechs Kilometer Tiefe arbeiten. Mit Deutschlands einzigem bemannten Forschungstauchboot kommen ein Pilot und ein Wissenschaftler 400 Meter tief nach unten.

Vor dem GEOMAR-Institut stehen die sogenannten Kieler Benthokosmen, Wasserbecken, die von Kameras beobachtet werden. Benthos kommt aus dem Griechischen und meint den Meeresboden, Kosmos bedeutet die Welt. In den Versuchsbecken sind Krabben, Seegras, Muscheln und Tang. Die Forscher probieren hier aus, was passiert, wenn die Ostsee immer wärmer wird. Was verändert sich bei den Arten? Die Benthokosmen sind also ein Blick in die Zukunft.

Adresse Düsternbrooker Weg 20, Zugang über Kiellinie, 24105 Kiel-Düsternbrook, Tel. 0431/6001637 | **Anfahrt** Bus 41, 42, Haltestelle Schwanenweg | **Öffnungszeiten** täglich 9–18 Uhr, Seehundfütterung Sa–Do 10 und 14.30 Uhr, freitags ist Fastentag! | **Tipp** Die Lockengans, das Turopoljeschwein, den Westfälischen Totleger, ein Huhn, kann man in der Arche Warder vor den Toren Kiels sehen. Dort bewahrt man bedrohte Nutztierarten vor dem Aussterben (Langwedeler Weg 11, 24646 Warder, Tel. 04329/91340).

24 Borowskis Tatort

Die Drehorte des Kieler Kult-Kommissars

In »Borowski und die einsamen Herzen« ist das Schiffercafé am Tiessenkai (siehe Seite 132) originelle Kulisse. Der kauzige Tatort-Kommissar trifft sich dort mit verzweifelten Frauen. Der Tiessenkai ist wieder bester Drehort für Tatort-Folge 906, »Borowski und das Meer«: Im Tauchboot »Jago« wird der Ermittler zu Wasser gelassen. Das gelbe Unterwasserboot für Expeditionen hatte sich die Film-Crew bei der GEOMAR-Forschungsstation ausleihen können.

»Der Tatort-Zirkus ist wieder in der Stadt«, schreibt die Zeitung, wenn der Norddeutsche Rundfunk eine neue Episode vor Kieler Hintergrund produzieren lässt. Borowski-Krimis, die seit 2003 zur Tatort-Reihe gehören, haben beim Publikum Kult-Status wie die des überspannten Duos Boerne und Thiel aus Münster. Zehn Millionen Zuschauer sind beim Lagerfeuer-Termin vor dem Fernseher dabei, wenn Borowski nach dem Jingle kommt. Schauspieler Axel Milberg hat der Figur einen kantigen Charakter gegeben. Er muss ja nur sein »Ich höre« ins Telefon knurren.

Er erlebe jedes Mal eine Zeitreise, sagt Milberg, wenn wieder in Kiel gedreht werde. Er wohnt in München, ist aber im Forstweg in Kiel-Düsternbrook aufgewachsen. Viele Szenen sind hier entstanden. In »Schichtwechsel« wird bei der Seebar die Leiche einer jungen Frau aus dem Wasser gezogen, die Sekretärin eines Werftbesitzers. Im ersten sogenannten Sequel der Tatort-Geschichte, in dem ein alter Fall noch einmal aufgegriffen wird, 2015 gedreht, verfolgt Borowski vor dem Hintergrund des Segelschulschiffs Gorch Fock einen Serienmörder. Man kennt ihn aus »Borowski und der stille Gast«. Am Schwedenkai verhört er auf der Brücke der Fähre Stena Scandinavia in »Mann über Bord« einen Offizier. In »Borowski und die Kinder von Gaarden« lässt der Regisseur Kamera-Drohnen über die Straßen fliegen. Auf der Hörnbrücke wurde gedreht, an der Petruskirche. Daneben hat Borowski im düsteren Ziegelbau der alten Marineschule auch sein Büro.

Adresse Seebar: Kiellinie, 24105 Kiel-Düsternbrook, Tel. 0431/34185; Schwedenkai: Schwedenkai 1, 24103 Kiel-Altstadt, Tel. 0431/6020100 | **Anfahrt** Seebar: Bus 41, 42, Haltestelle Bellevue; Fördedampfer F 1, Anlegestelle Bellevuebrücke; Schwedenkai: Bus 32, 33, 41, 42, 61, 62, Haltestelle Bootshafen; Fördedampfer F 1, Anlegestelle Seegartenbrücke | **Öffnungszeiten** Seebar: in der Saison täglich 10–23 Uhr | **Tipp** Beliebter Treffpunkt an der Förde ist das Café Pennekamp, Kiellinie 63 – ebenfalls ein Borowski-Drehort (Tel. 0431/5346962).

25__Das Camp 24/7
Bundesweit einmalig

Es macht allein Spaß, den Knirpsen nur zuzusehen. Wie die Mädchen und Jungen ab acht Jahren in Schwimmwesten unbekümmert in die wackligen Optimisten klettern. Das Segel fieren. Und dann los aufs Meer! Wenn die Boote auch mal zusammenrumpeln, macht nix. Sie sind stabil, und kippen kann man sie nicht so schnell. Vergnügte Kinderstimmen sind vom Wasser her zu hören. Trainer geben Kommandos. Der Schnupper-Segelkurs ist eines von über 30 Angeboten des Camps 24/7. Bundesweit ein einzigartiges Projekt. Seit seinem Start im Jahr 2003 haben weit über 70.000 Menschen teilgenommen.

Kiels Marketing-Gesellschaft organisiert das jährliche, nicht kommerzielle Camp. 90 Förderer und Sponsoren unterstützen es. Die Stadtwerke sind starker Partner und größter Geldgeber. 24/7 ist ihr Werbeslogan: An sieben Tagen in der Woche will man den Bürgern 24 Stunden zur Verfügung stehen. Daher der Name des Camps. Spaß und Freude am Wassersport vermitteln, das ist die Idee in der Segel- und Olympiastadt Kiel. Und mehr: »Verantwortung für sich und andere übernehmen, Leistung zeigen, im Team zusammenarbeiten – es sind gerade diese Werte, die wir vermitteln möchten. Das Segeln übernimmt dies auf sportliche und spielerische Art«, so erklären die Stadtwerke ihr Engagement.

Die Basis des Camps ist die Reventlouwiese an der Kiellinie. Von Mai bis September ist hier jedes Jahr eine kleine Zeltstadt aufgebaut. Optimisten, Jollen, Skippi-Yachten, Kutter haben davor ihren Liegeplatz. An sieben Tagen in der Woche wird trainiert. 45 Mitarbeiter betreuen die Teilnehmer. Wikinger-Abenteuer-Touren werden auch angeboten. Oder möchte jemand aus Holz und Seilen ein Floß bauen und es gleich auf der Förde testen? After-Work-Segeln verschafft gestressten Geschäftsleuten Entspannung. Im Camp 24/7 können junge Menschen, Erwachsene, Kieler, Touristen die Landeshauptstadt vom Wasser aus erleben.

Adresse Reventlouwiese an der Kiellinie, zwischen Landeshaus und Kieler Kanu-Klub, 24105 Kiel-Düsternbrook, Tel. 0431/2400070 (Camp), 0431/9012573 (Kiel-Marketing) | **Anfahrt** Bus 41, 42, 51, Haltestelle Reventloubrücke; Fördedampfer F 1 und F 2, Anlegestelle Reventloubrücke | **Öffnungszeiten** Mai–Sept. Mo–Fr ab 9 Uhr, Sa–So Open Camp 11–17 Uhr, Kurszeiten auf Anfrage | **Tipp** Segeln üben wie im Planschbecken können Kinder auch kostenfrei während des »Bootshafensommers« im Bootshafen in der Innenstadt, Berliner Platz / Wallstraße.

26__Die Fischbar

Mal Rotwein-Hering im Küstenknacker probieren!

Wie sieht der konventionelle Fischimbiss aus? Wenn der weiße Verkaufswagen die Frontluke geöffnet hat, wirkt alles steril. Links die Vitrine mit Softdrinks, mit Glück ist ein trockener Weißer im Viertelliter-Fläschchen dabei. In der Auslage auf Nirosta-Blechen die Fischbrötchen, schon vor längerer Zeit belegt, gern mit Zwiebeln. Plastik-Petersilie, Zitronen als Deko. Hinter dem Verkäufer die Aufbackmaschine für die Brötchen. Die Fischbar ist anders.

Daniel Gieseler und Philipp Dornberger, beide mit Sternzeichen Fisch, haben einen Container innen und außen mit Holz verkleidet, das wie Treibholz aussieht. Tische, Stühle und ein paar Strandkörbe davorgestellt. Einen schweren Anker an Land gezogen. Die Speisekarte, die hier »Kombüse« heißt, auf eine Schiefertafel geschrieben. Und ein Lächeln im Gesicht. Aber das allein reicht nicht, um ihren Erfolg zu erklären.

Dass die Fischbar binnen kürzester Zeit Szenetreff geworden ist, liegt an der 1-a-Lage an der Förde. Und am Anspruch der Wirte. Sie bieten zu verträglichen Preisen regionale Köstlichkeiten von hoher Qualität. Den Hecht für den Backfisch fängt Fischermeister Gunnar Reese im Selenter See. Mit den Händen rollt er die Fischfrikadellen, die in der Fischbar »Der Batzen« heißen. Der Rotwein-Hering kommt ebenfalls von Reese. Fischer Henning Platz aus Glückstadt liefert Goldrauch-Matjes. Den Rollmops, mit Mango-Chutney serviert, räuchert Alfred Urthel in Friedrichskoog. »Jeder Fisch verdient aber auch sein eigens Brötchen«, sagt Philipp Dornberger. Ein Vierteljahr haben sie in der Backstube eines Kieler Bäckermeisters getüftelt. Jetzt kommt der Goldrauch-Matjes in ein Roggenbrötchen, die Fischfrikadelle harmoniert mit Weizen, der Rotwein-Hering im Küstenknacker, der Hibiskus-Pfeffer-Lachs aus der Manufaktur Hansen in Handewitt schmeckt im Maisbrötchen am besten.

Endlich kann man in Kiel Fischbrötchen essen!

Adresse Düsternbrooker Weg 52/Reventlouwiese, 24105 Kiel-Düsternbrook, Tel. 0177/7289771 | **Anfahrt** Bus 41, 42, 52, Haltestellen Schwanenweg und Reventloubrücke; Fördedampfer F 1 und F 2, Anlegestelle Reventloubrücke | **Öffnungszeiten** April–Okt. täglich 11.30–22 Uhr | **Tipp** Wer sein Fischbrötchen gern horizontal genießt: In Sichtweite laden am Ufer breite Liegen ein zum Träumen am Wasser, breit genug zum Kuscheln.

27_Die Gestapo-Zentrale

Im Keller wurde gefoltert und gemordet

Steve McQueen tut lässig. Er spielt einen Häftling und schlendert den Lagerzaun entlang. Gibt es eine Möglichkeit, auszubrechen? Der US-Spielfilm »Gesprengte Ketten« orientiert sich an einer wahren Begebenheit, erzählt die Geschichte eines Gefangenenlagers im NS-Staat. Die Häftlinge, abgeschossene Piloten, wollen ihr Leben retten. Sie planen schließlich, einen Tunnel bis in den Wald zu graben. Aber sie verrechnen sich. Der Tunnel ist zu kurz, er endet vor dem Lagerzaun. Trotzdem gelingt 76 alliierten Gefangenen am 25. März 1944 die Flucht. Vier von ihnen wollen über Flensburg weiter nach Norwegen. Als Hitler von dem Ausbruch erfährt, befiehlt er, alle zu ermorden. Auch an die Gestapo-Zentrale in Kiel ergeht die Order. Arnold Christensen, Halldor Espelid, James Catanach, Nils Fuglesang werden mit gefälschten Pässen in Flensburg aufgegriffen. Kieler Gestapo-Mörder holen sie ab. Die Flüchtlinge werden erschossen.

Die Schleswig-Holstein-Zentrale der Geheimen Staatspolizei der Nationalsozialisten hatte in der Kieler Düppelstraße ihr Quartier. Hier fanden »technische Vernehmungen« statt, es wurde gefoltert. Von hier aus wurden NS-Gegner in Konzentrationslager geschickt, Deportationen der Juden organisiert. Oder es wurde gleich im Keller gemordet. 250 Mitarbeiter hatte die Kieler Gestapo. Nicht genug, um die Bürger des ganzen Landes zu terrorisieren. Aber es gab ausreichend Denunzianten in der Bevölkerung. So funktionierte der Überwachungsapparat.

Ein Stempel, der den Tod besiegelte, steht vor dem ehemaligen »Haus des Todes«, in dem heute Beamte des 1. Polizeireviers ihre rechtschaffene Arbeit tun. Melanie Pilz, Studentin der Muthesius-Kunsthochschule, hat das Mahnmal entworfen. Der Stempel bedruckt eine Inschrift auf einem massiven Sockel. Manuel Rosenfeld, Florian Russel, Edward Zimon, Alexi Kobel, Konstantin Bilas ist zu lesen. Und die Namen vieler anderer.

Adresse Düppelstraße 23, 24105 Kiel-Düsternbrook, Tel. 0431/1601110 (1. Polizeirevier Kiel) | **Anfahrt** Bus 11, 51, 60S, 61, 62, 501, 502, 900, 901, Haltestelle Waitzstraße / Holtenauer Straße | **Öffnungszeiten** ganzjährig zu besichtigen, im Winter wird die Holzverkleidung des Stempels entfernt | **Tipp** Ein beliebter und schöner Wochenmarkt findet auf dem nahen Blücherplatz statt (Mo und Do 8–13 Uhr).

28__Haus Forsteck

Wo Clara Schumann und Johannes Brahms verkehrten

Der Apotheker und Schriftsteller Theodor Fontane hat dieses Gedicht geschrieben: »Gelb wird das Laub, es rötet sich die Frucht / In blauer Stille liegt die Kieler Bucht / Es schweigt der Wind, die Fläche zittert kaum / Und nur die Möwen sind wie Wellenschaum / Und hier am Ufer, aus der Waldesnacht / Uralter Eichen hell ein Giebel lacht / Ein heller Giebel und ein helles Haus / Und wie von Tauben fliegt es ein und aus / In Blumen steht es Lenz' und Herbsteszeit / Ein sichtbar Zeichen seiner Gastlichkeit.« Im Oktober 1878 bringt er dies handschriftlich zu Papier. Im Monat zuvor waren er und seine Frau Emilie eine Woche lang Gäste im Haus Forsteck gewesen.

Theodor Fontane widmet das Gedicht seinen Gastgebern, dem Fabrikanten Heinrich Adolph Meyer und dessen Frau Marie. Haus Forsteck ist damals ihre Villa, mit herrlichem Blick auf die Förde, nahe der Forstbaumschule, einer Lehranstalt. Heute ist der Biergarten Forstbaumschule beliebt. Die Villa im Stil der Neorenaissance ist Ende des 19. Jahrhunderts die erste Adresse in Kiel, der Kieler Salon, Zentrum geistigen und kulturellen Dialogs. Die Meyers, geschäftlich erfolgreich mit Produkten aus Elfenbein und Fischknochen, sind liberale Leute. Engagieren sich für die Bildung der Frauen und sind naturwissenschaftlich interessiert. Persönlichkeiten aus Kunst, Wissenschaft und Politik sind oft wochenlang ihre Gäste. Die Pianistin Clara Schumann. Der Bariton Julius Stockhausen. Karl Möbius, Mitbegründer der Meeresbiologie. Der niederdeutsche Dichter Klaus Groth. Der Komponist Johannes Brahms. Carl Schurz, US-Innenminister und Ehemann von Marie Meyers jüngster Schwester.

Theodor Fontane waren die bildungsbeladenen Konversationen dann wohl doch zu viel des Guten. Früher als geplant reisten die Eheleute ab. Haus Forsteck wurde 1944 bei einem Bombenangriff zerstört. Nur noch die Mauerreste sind hinter Parkbänken zu sehen.

Adresse im Diederichsenpark, Niemannsweg/Ecke Bismarckallee, 24105 Kiel-Düstern-brook | **Anfahrt** Bus 41, 42, Haltestelle Diederichsenpark | **Öffnungszeiten** ganzjährig | **Tipp** Auch Fontanes Dichterfreund Theodor Storm war in diesem Park anzutreffen. In einer Waldschänke, längst abgebrannt, traf er sich mit anderen Kieler Studenten zu Tanz, Gelagen und Fechtkämpfen. Eine Stele erinnert daran: auf Höhe des Hauses Niemanns-weg 112 Richtung Förde auf den Waldweg, dann dritter Weg auf der linken Seite.

29_Die Kantine im Landtag
Mit Politikern speisen

Manchmal wüsste man doch zu gern, was sonst noch geschah. Wie Politiker, die sich eben noch im Parlament gefetzt haben, sich danach in die Augen sehen. Gar scherzend? Oder wird der verbale Kampf, den man gerade auf der Bühne der Demokratie inszeniert hat, hinter den Kulissen fortgeführt? Manchmal kann man das gut in der Kantine des Landtags studieren. Vor allem die Mitarbeiter des Hauses und der Fraktionen nutzen die Selbstbedienungsrestauration. Die Beamten und Angestellten der benachbarten Staatskanzlei und der Ministerien. Die Abgeordneten.

Aber jeder andere ist auch herzlich willkommen. Er muss den Nebeneingang an der Nordseite des Landeshauses nehmen und kann sich dann vor der Essensausgabe einreihen. Für welches Tellergericht wird sich wohl die Ministerin entscheiden, die jetzt zwei Plätze weiter vorn in der Schlange steht? Milchreis mit Erdbeer-Rhabarber-Grütze oder Calamares mit Knoblauchdip? Man sucht sich seinen Platz Tisch an Tisch mit Staatsdienern und Politikern. Genießt nicht nur das Essen, sondern auch das Ambiente. Der Gastraum im nördlichen Innenhof ist von einer lichten, hohen Glaskonstruktion überspannt und von alten Ziegelmauern umgeben. Man hat das angenehme Gefühl, draußen zu sitzen, ist aber auch bei Schmuddelwetter im Warmen. »Asperge« heißt die Kantine, seit Spargelkoch Helmut Zipner hier wirkte. Seit 2007 führen sein Partner Kai-Günther Funck und Frau Sandra das »Asperge« allein.

Kenner wissen: Wenn die Parlamentarier in der dritten Woche des Monats von Mittwoch bis Freitag debattieren, ist einer der Tage Currywurst-Day. Man kann zum Frühstück kommen oder zum Nachmittagskuchen. Von 11 bis 14 Uhr werden vier Mittagsgerichte angeboten, Fisch und Vegetarisches ist immer dabei. Gastrokritiker schätzen: »Das Personal ist ausgesprochen freundlich. Es geht nie hektisch zu. Was vielleicht an den Beamten aus den Ministerien und Ämtern liegt.«

Adresse Düsternbrooker Weg 70, 24105 Kiel-Düsternbrook, Tel. 0431/9881097 | **Anfahrt** Bus 41, 42, Haltestelle Landtag, Bus 51, Haltestelle Reventloubrücke; Fördedampfer F 1 und F 2, Anlegestelle Reventloubrücke | **Öffnungszeiten** Mo – Fr 8 – 15 Uhr | **Tipp** Vor dem Besuchereingang zur Kantine ist eine alte Unterwant des Segelschulschiffs Gorch Fock aufgebaut. Matrosen sind darin den Großmast hinaufgeklettert. Die Gorch Fock ist Patenschiff des schleswig-holsteinischen Landtags.

30__Der Kieler Yacht-Club

Die besten Segler, die beste Jugendarbeit

Dieser Segelverein war immer besonders. Elitär, als König Leopold II. von Belgien, Prinz Heinrich oder Friedrich Krupp von Bohlen und Halbach seine Mitglieder waren. Verschrien als Ewiggestrige im roten Kiel, als man sich auch in der Weimarer Republik noch weigerte, die Kaiserkrone aus dem Stander zu nehmen. Geschickt, weil er sich selbst auflöste, bevor die Nazis ihn verboten. Großzügig, schließlich muss man es sich leisten können, dazuzugehören. Vorbildlich, nicht nur, was seine Jugendarbeit betrifft. Aber der Reihe nach.

Der Verein hieß einmal Kaiserlicher Yacht-Club. Wilhelm II. verlieh ihm diesen Titel, ließ seine Segelboote nach Kiel verlegen. Die Mitglieder waren Offiziere, reiche Kaufleute, europäischer Hochadel. Im Weinkeller des Clubhauses sollen 25.000 Flaschen gelagert worden sein. Im Ersten Weltkrieg war es zunächst vorbei mit den glänzenden Zeiten. Messingbeschläge und Bleikiele wurden für die Rüstung gebraucht. Weil manche im Club auch in der jungen Demokratie vom monarchistischen Anspruch nicht lassen wollten, befahl die Marine ihren Offizieren, den Verein zu verlassen. Später flatterte Hakenkreuz statt Kaiserkrone in seiner Fahne. Nach dem Krieg wurde der Club als Kieler Yacht-Club wiederbelebt. Um die Olympischen Spiele in Kiel hat er sich verdient gemacht, die besten Segler sind im Team. Das Feine-Leute-Image ist geblieben. Das »Y« im »Yacht-Club« auch. »Jacht« würde man seit 20 Jahren eigentlich schreiben.

Im Clubhaus an der Förde ist der Verein nur Mieter. Man hat das Gebäude verkauft, es ist Erste-Klasse-Hotel mit 21 Suiten und Zimmern. Die Könige von Spanien und Schweden haben hier übernachtet. Seit Anfang des vergangenen Jahrhunderts gehört die Kieler Yacht-Schule zum Club. Die Idee von Anfang an: Diese Jugendabteilung verwaltet sich selbst. Das Segeln lernen die Jugendlichen nicht von Erwachsenen, sondern von erfahrenen Mitschülern. Oft hat man den Club für seine Jugendarbeit ausgezeichnet.

Adresse Kiellinie 70, 24105 Kiel-Düsternbrook, Tel. 0431/85021 und 0431/88130 (Hotel Kieler Yacht Club) | **Anfahrt** Bus 41, 42, Haltestellen Institut für Weltwirtschaft und Kiellinie | **Öffnungszeiten** Hotel und Restaurant sind ganzjährig geöffnet. Club-Sekretariat: Mo–Fr 9–14 Uhr | **Tipp** Reiten ist auch ein schöner Sport. Wenige Meter weiter südlich steht vor der Staatskanzlei in Bronze der Holsteiner Wallach Meteor. Er war einmal erfolgreichstes Springpferd der Welt. Mit Reiter Fritz Tiedemann gewann Meteor 150 Titel, zweimal Gold bei Olympischen Spielen.

31__Die Kore

Farbige Anmut zwischen nackten Männern

Zwischen all den blutleeren antiken Helden aus weißem Marmor wirkt die Lady schrill. Mit langen, knallrot gefärbten Dreadlocks steht sie auf ihrem Sockel. Auch ihre Lippen und die Augäpfel sind aufreizend bunt. Über dem eng anliegenden Unterkleid mit kurzen Ärmeln trägt sie ein Gewand, dessen Faltenwurf goldene Gewichte nach unten ziehen. Der Umhang prahlt mit blauen, grünen und roten Ornamenten. Sie hält ihn mit drei Fingern der linken Hand, damit sie nicht stolpert. In der Rechten trägt die junge Frau einen Granatapfel, ein Symbol für Jugend und Fruchtbarkeit. Reichlich Schmuck hat sie angelegt: Diadem, Ohrringe, Halskette, Armreif. Die Sandalen sind mit goldenen Knöpfen verziert, der linke Fuß ist leicht nach vorn gesetzt.

Die Kore ist anmutige Provokation unter den nackten Muskelpaketen. Der Begriff Kore bezeichnet in der archaisch griechischen Bildhauerei die oft bemalte Skulptur einer Jungfrau. »Kore Nr. 682«, ein halbes Jahrtausend vor Christus geschaffen, stand im Tempel der Göttin Athene auf der Akropolis. Man hat sie im sogenannten Perserschutt gefunden. Die Soldaten des Perserkönigs Xerxes hatten Athen geplündert und in Brand gesetzt. Auch der Athene-Tempel ging in Flammen auf, die Krieger hatten zuvor die Koren von ihren Fundamenten gestürzt. Als man die heilige Stätte 30 Jahre später wiederaufbaute, wurden die Trümmer der Figuren in Höhlen gebettet. Bei Ausgrabungen hat man sie gefunden.

Die Rekonstruktion der Kore ist das Ergebnis der Forschungsarbeit des Kieler Archäologen Bernhard Schmaltz. Die junge Frau grüßt gleich im ersten Raum der Antikensammlung, die Zeugnisse minoischer, griechischer und etruskischer Kultur dokumentiert. Die Kunsthalle der Christian-Albrechts-Universität, ein imposanter Jugendstilbau auf dem Westufer der Förde, zeigt außerdem Gemälde, Grafiken, Videokunst in ständigen und wechselnden Präsentationen.

Adresse Düsternbrooker Weg 1, 24105 Kiel-Düsternbrook, Tel. 0431/8805758 | **Anfahrt** Bus 32, 33, 61, 62, Haltestelle Schlossgarten, Bus 41, 42, Haltestelle Kunsthalle | **Öffnungszeiten** Di, Do – So 10 – 18 Uhr, Mi 10 – 20 Uhr | **Tipp** Der Skulpturengarten der Kunsthalle ist ein schattiger Ort, um das Treiben auf den Kreuzfahrtschiffen am Ostseekai zu verfolgen. Die weißen Ozeanriesen überragen Häuser und Bäume.

32 Die Lichtinstallation

Gruß und Warnung an die Seefahrer

Bevor es den Sprechfunk, Mobiltelefone und Computer gab, haben sich die Seeleute mit dem Winkeralphabet von Schiff zu Schiff verständigt. Ein Seemann stand dann mit zwei Signalfahnen an Deck und breitete die Arme aus. Mal waagerecht, mal nach unten oder oben, mal im Winkel zueinander. Jede dieser Figuren stand für einen Buchstaben des Winkeralphabetes. Er konnte so der Besatzung eines anderen Schiffes einen Satz zuwinken. Das Winkeralphabet wird heute noch in manchen Ländern von der Marine verwendet, da es als abhörsicher gilt.

Das größte Kunstwerk im öffentlichen Raum in Kiel ist solch ein Satz nach dem Winkeralphabet. Der Klang- und Lichtkünstler Hans Peter Kuhn, in der Landeshauptstadt geboren, hat es am Ostufer der Förde vor dem Kraftwerk installiert. Es ist 160 Meter lang und sieben Meter hoch. 29 Lichtzeichen, die jeweils aus zwei Stableuchten bestehen, sind so ausgerichtet, wie es den Buchstaben des Winkeralphabetes entspricht. Der Satz lautet: »Seefahrer, denk an die Sirenen. Ahoi!« Zitiert nach Homer. Die Installation soll Gruß an die Seeleute sein, die Kiel erreichen. Sie ist gleichzeitig Mahnung. Vom Westufer aus ist die Licht-Kunst ab Dämmerungsbeginn bis Mitternacht vom Carl-Loewe-Weg am Sporthafen Düsternbrook bis zum Tiessenkai im Stadtteil Holtenau zu sehen. Besonders gut vom Schiffsanleger Bellevuebrücke. Hier steht eine Infotafel, mit deren Hilfe man den Satz übersetzen kann.

Hans Peter Kuhl lebt und arbeitet in Berlin und Japan. Für seine Arbeit wurde er mit dem Goldenen Löwen der Biennale ausgezeichnet. Zu seinen ständigen Installationen gehört auch das Projekt »Licht« am Weltkulturerbe Völklinger Hütte im Saarland. Die Stahlgebirge der sechs Hochöfen strahlen nach Einbruch der Dunkelheit in kräftigen Farben. Bei den Olympischen Spielen in London war Hans Peter Kuhn mit einem Landschaftskunstprojekt vertreten.

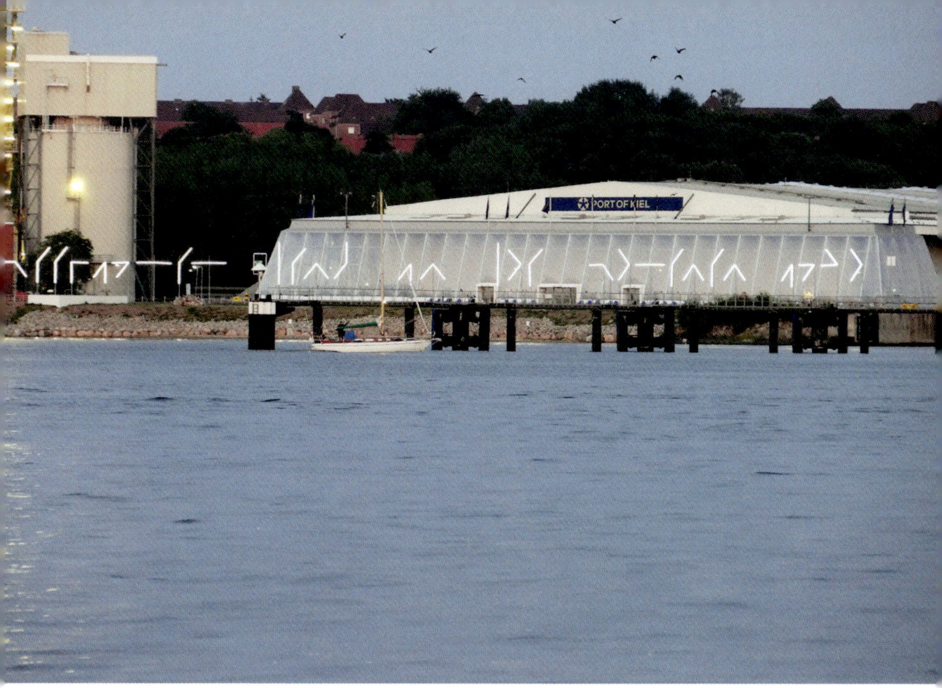
PORT OF KIEL

Adresse Anlegestelle Bellevuebrücke, 24105 Kiel-Düsternbrook | **Anfahrt** Bus 41,44, Haltestelle Kiellinie, 400 Meter nach Norden, auf der rechten Seite an der Bellevuebrücke; Fördedampfer F 1, Anlegestelle Bellevuebrücke | **Tipp** Nur wenige Meter südlich, Kiellinie 66, ist das Institut für Weltwirtschaft zu Hause. In seinen Fluren hängt eine Galerie der Wirtschaftsnobelpreisträger.

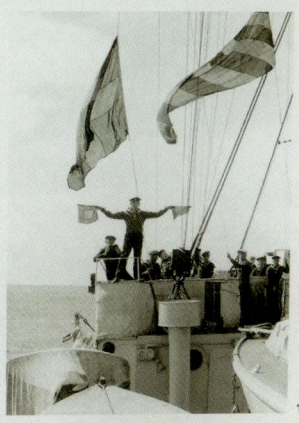

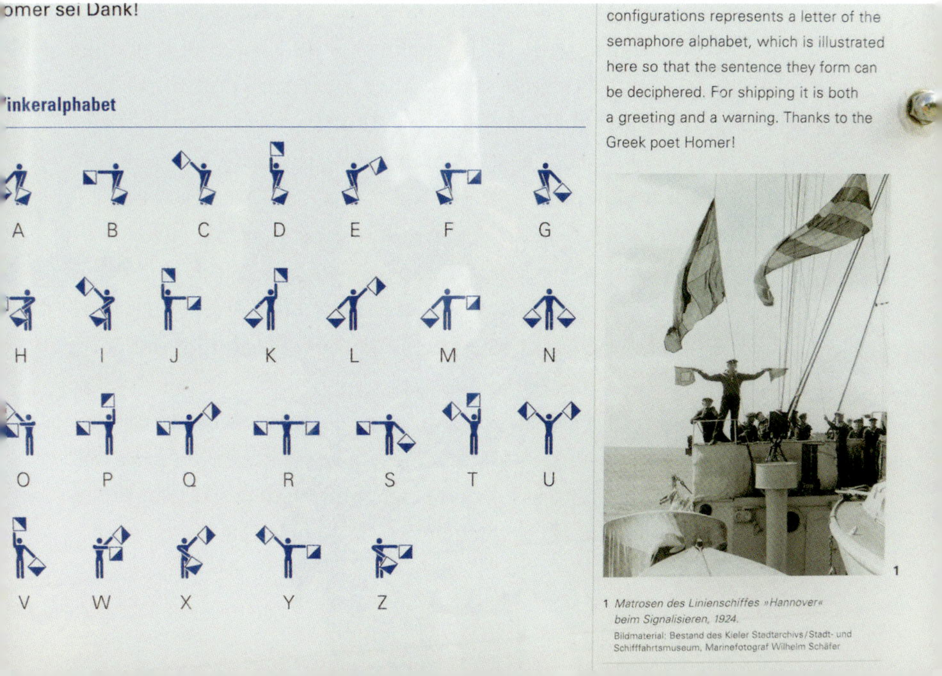
omer sei Dank!
inkeralphabet
A
B
C
D
E
F
G
H
I
J
K
L
M
N
O
P
Q
R
S
T
U
V
W
X
Y
Z
configurations represents a letter of the semaphore alphabet, which is illustrated here so that the sentence they form can be deciphered. For shipping it is both a greeting and a warning. Thanks to the Greek poet Homer!
1
1 Matrosen des Linienschiffes »Hannover« beim Signalisieren, 1924.
Bildmaterial: Bestand des Kieler Stadtarchivs/Stadt- und Schifffahrtsmuseum, Marinefotograf Wilhelm Schäfer

33__Der Liebespavillon

Glänzende Aussichten inmitten eines Blumenmeers

Der Alte Botanische Garten war auch mal ein Neuer Botanischer Garten. Vorher hatte es schon drei andere gegeben. Am Schloss, an der Falckstraße in der Nähe vom Alten Markt, an der Prüne im heutigen Stadtteil Exerzierplatz. Der vierte Botanische Garten wurde 1884 eröffnet. Das Gelände auf einem Hügel am Westufer der Förde, das vorher einem Fabrikanten gehörte, ist von gewundenen Wegen durchzogen. Wie sie sich den Hang hinaufschlängeln, unterstreicht den naturnahen Charakter der Parkanlage. Ab 1975 wurde am Biologiezentrum der Universität wieder ein Neuer Botanischer Garten errichtet. Da war der Vorgänger-Garten mit schönem Blick auf die Förde ein alter. Damit er nicht überbaut wird, wurde ein Verein zu seinem Schutz gegründet. So ist der Garten den Kielern erhalten geblieben.

Ein Baumbestand von 280 Arten bestimmt seinen Charakter. Sehr seltene Gehölze stehen hier. Einer der beiden Urweltmammutbäume, die aus Chinas Bergen kommen, gehört zu den ältesten in Europa. Der Küstenmammutbaum, ein Nadelbaum, ist eigentlich in Kalifornien zu Hause. Der Garten hat eine vielfältige krautige Flora, die Hänge sind mit verwilderten Blumenzwiebeln bepflanzt. Wegen dieser Blütenpracht ist der Garten im Frühjahr sehr beliebt. Die alten Gewächshäuser und die Algen-Aquarien sind nicht mehr erhalten.

Auf dem mit 28 Metern höchsten Punkt des bewegten Moränengeländes steht ein achteckiger Backsteinpavillon. 27 Stufen führen bis unter seine filigrane schmiedeeiserne Krone. Ihre Lotos-Ornamente sind ein traditionelles Zeichen für Botanische Gärten. Liebespaare hängen nachts Schlösser an die Verstrebungen. So wie der Pavillon die Krönung des Gartens darstellt, gilt die Kuppel als »Krone der Stadt Kiel«. Im Garten steht noch ein Fachwerkhaus, in dem früher der Garteninspektor gewohnt hat. Jetzt ist es das Literaturhaus Schleswig-Holstein. Fast wöchentlich finden hier Lesungen statt.

Adresse Düsternbrooker Weg 19, 24105 Kiel-Düsternbrook, Tel. 0431/568286 | **Anfahrt** Bus 41, 42, Haltestellen Kunsthalle und Schwanenweg | **Öffnungszeiten** ganzjährig, Führungen Feb.–Nov. am 2. So des Monats 10.30 Uhr | **Tipp** An den Garten schließen sich die Universitätskliniken an. Sie sind größter Arbeitgeber in Schleswig-Holstein mit mehr als 12.000 Mitarbeitern, wichtiger Ausbildungsbetrieb und eines der größten europäischen Zentren medizinischer Versorgung.

34 __ Der Moltkestollen

Die größte Katastrophe der Stadtgeschichte

Viele können nicht mehr davon erzählen. Wer sich erinnern kann, dem hat sich dieses Bild eingebrannt: die vielen Kinderwagen, die an der Ecke Moltkestraße/Esmarchstraße stehen. Kein Baby wird mehr in ihnen liegen. Und ihre Mütter werden auch nicht wiederkommen. Alle sind tot.

Wieder die Sirenen! Fliegeralarm! Auch am Nachmittag des 3. April 1945, einem der letzten Kriegstage. Kiel ist schon zu 80 Prozent zerstört, aber die Alliierten wollen nun endlich das Ende des Irrsinns erzwingen. Auch im Stadtteil Düsternbrook, bisher oft von den Angriffen verschont geblieben, rennen die Menschen um ihr Leben. Der Stollenbau unter dem Sternwartenhügel ist gerade erst fertig geworden. Einer seiner Hauptzugänge liegt an der Moltkestraße neben dem Fußweg Himmelsleiter. Der zweite an der Caprivistraße. Der Moltkestollen hat Platz für viele hundert Menschen. Kiel steht damals als Stadt mit über 100.000 Einwohnern sowie als Marine- und Rüstungsstandort ganz oben auf der Liste des reichsweiten Programms zum Bunkerbau, ist »Luftschutzort erster Ordnung«. Bei Kriegsende sind 122 Anlagen mit Platz für 60.000 Personen übers Stadtgebiet verteilt. Der neue Moltkestollen hat ein eigenes Mutter-Kind-Abteil im vorderen Bereich.

Dieser 3. April – er ist der Tag der größten Katastrophe der Kieler Stadtgeschichte. Eine der Bomben trifft den Eingang an der Moltkestraße. In kürzester Zeit strömen giftige Gase ein. Als Retter sich Zugang verschaffen können, finden sie 271 Tote. Sie müssen in Ohnmacht gefallen sein und sind dann erstickt. Viele der Opfer sind junge Mütter mit kleinen Kindern. 117 Opfer sind noch keine zehn Jahre alt. 88 Opfer sind im Kindergartenalter und jünger. Vom Eingang zum Moltkestollen ist nichts mehr zu sehen. Kein Gedenkstein, keine Info-Tafel weist auf das Drama hin, das hier passierte. Auch die Erinnerung an diesen folgenschwersten Luftangriff auf Kiel ist verschüttet.

Adresse Ecke Moltkestraße / Esmarchstraße, 24105 Kiel-Düsternbrook | **Anfahrt** Bus 32, 33, Haltestellen Wrangelstraße und Yorkstraße | **Tipp** Steigt man die Himmelsleiter hinauf, erreicht man den Sternwartenweg. Das prachtvoll restaurierte Haus Nummer 5, heute private Villa, war früher Kiels Sternwarte.

35 Der Mondspiegel

Ein Silberweiher im Märchenwald

Manche Kieler erinnern sich. Als Kind haben sie hier gespielt, wenn sie im Viertel Düsternbrook wohnten. Geheimnisvoll ist dieser Platz. Als verliebte Teenager sind sie wiedergekommen, Schmetterlinge im Bauch. Eine Wunderwelt. Besonders, wenn der Mond in klaren Nächten hoch steht und seine Strahlen sich spiegeln in dem kreisrunden Teich. Wichtel und Feen würden jetzt nicht verwundern. Zaubernächte im Märchenwald.

Der verwunschene Ort liegt im Düsternbrooker Gehölz, ein zerklüfteter Stadtpark. Der Silberweiher, Mondspiegel genannt, ist umgeben von hohen Rotbuchen, manche 200 Jahre alt. Das runde Gewässer ist mit Steinen eingefasst. Zwei Bänke stehen am Rand. Manchmal treiben Algen auf der Teichoberfläche. Eine geleerte Flasche, die im Wasser schaukelt, gibt Zeugnis davon, dass die Nächte hier immer noch lauschig sind. Ausgedehnte Spaziergänge, anspruchsvolle Jogging-Strecken mit vielen Steigungen, spektakuläre Ausblicke auf die Förde – das Ursprüngliche des Stadtwalds zieht die Menschen in dieses Erholungsgrün. Zwischen den Buchen stehen Spitzahorn und Vogelkirsche, Linden und Wildobstarten. Der Text auf einem Findling weist auf eine Königsbuche hin. Sie darf nie gefällt werden, nach einem alten Brauch ist sie Schirmherr des Waldes.

Unweit des Mondspiegels und etwas oberhalb liegt ein zweiter, länglicher Weiher, der idyllische Dianenspiegel. Auf alten Ansichtskarten überspannt ihn eine schöne Brücke. Stileichen stehen am Ufer. Darunter ein Waldschrat, ein dämonischer Fels. Der Künstler Harald Thoms hat ihn behämmert und dem Findling ein Gesicht gegeben. Die übergroßen Ohren sind als Baum- und Eichenblatt-Relief gestaltet. Über der wulstigen Nase ein Zyklopen-Auge. Der Waldgeist soll Mahnung sein. »Angesichts des Waldsterbens« hat der Bildhauer sein Werk genannt. »Man sollte mit Bäumen, die ganz friedliche Wesen sind, etwas freundlicher umgehen«, sagt der Künstler.

Adresse Düsternbrooker Gehölz, 24105 Kiel-Düsternbrook | **Anfahrt** Bus 41, 42, Halte-stelle Roonstraße, von dort in den Niemansweg, an der Ecke Moltkestraße links in den Wald, hinter einer Kuppe auf der rechten Seite | **Tipp** Im Süden des Parks stand im Marienhain der Marientempel: ein Tee-Pavillon, Geschenk der Stadt an Marie, die Frau des dänischen Kronprinzen Friedrich. Das Paar lebte ab 1805 im Kieler Schloss. Später war das tempelgleiche Häuschen Getränkeausschank und Soldaten-Ehrenmal. Mauerreste sind noch zu sehen.

36 Das Parlament mit Meerblick

Der gläserne Plenarsaal symbolisiert Transparenz

Die Schwarzen und die Gelben sitzen besser. Die Abgeordneten der Union und die Liberalen haben den schönsten Ausblick durch die raumhohen Panoramafenster. Auf die Oslo- und Göteborg-Fähren, die ihren Liegeplatz im Hafen ansteuern. Die Roten sitzen links vom Präsidenten, mit dem Rücken zur Glaswand, sind aber von der Sonne beschienen, wenn diese den Saal durchflutet. Die übrigen Fraktionen verteilen sich. Die Frage, wer hier den besseren Durchblick hat, ist unentschieden. Sicher ist: Einen schöneren Plenarsaal gibt es nicht in Deutschland, auch Berlin kann nicht konkurrieren. Ein Parlament mit Meerblick! Seit 2003 debattieren die Abgeordneten in dem 20 mal 20 Meter großen gläsernen Kubus mit Zuschauertribüne und sympathischer Bestuhlung. Heide Simonis, erste deutsche Ministerpräsidentin, hat hier ihr Wiederwahl-Debakel durchlitten. Die anderen politischen Erdbeben Schleswig-Holsteins, der Barschel/Pfeiffer-Skandal und die Schubladen-Affäre Björn Engholms, sind noch im alten Plenarsaal eine Etage höher aufgearbeitet worden.

Den modernen Anbau hat man einem prächtigen Backsteinbau vorgesetzt, der einmal Kaiserliche Marineakademie war. Seit 1950 tagt hier die Legislative. Der neue Saal präsentiert sich offen, der Glaskasten symbolisiert Transparenz: Die Volksvertreter haben den Hafen vor Augen, der immer in Bewegung ist. Die Bürger, welche die Förde entlangspazieren, haben freie Sicht aufs Parlament.

Viele Kieler rätseln immer noch über den Sinn der »Arbeitsleuchte«, eine Idee des Installationskünstlers Stefan Kern, die vor dem Plenarsaal in der Wiese steht. Das Objekt ist einer Flugabwehrrakete ähnlich. Tagt der Landtag, strahlt an der Raketenspitze ein rotes Licht. Was nicht bedeuten soll, dass die Abgeordneten nicht arbeiten, wenn die Lampe nicht leuchtet.

Adresse Düsternbrooker Weg 70, 24105 Kiel-Düsternbrook, Tel. 0431/9881121 (Besucher-service) | **Anfahrt** Bus 41, 42, Haltestelle Landtag, Bus 51, Haltestelle Reventloubrücke; Fördedampfer F 1 und F 2, Anlegestelle Reventloubrücke | **Öffnungszeiten** Unbedingt beim Besucherservice anmelden und reservieren! Sitzungstage: Mi–Fr jede 3. Woche im Monat, Termine unter www.sh-landtag.de | **Tipp** Ein Schmuckstück ist das renovierte »Haus B« neben dem Landtag. Früher war es Wohnsitz der Regierungschefs, heute tagt hier das Kabinett, und es wird für Veranstaltungen genutzt. Der Wintergarten zum Wasser hin ist dem Plenarsaal nachempfunden.

37 Die Riemerschmid-Villa

Jugendstil-Schmuckstück für einen Admiral

Richard Riemerschmid (1868–1957) war ein Tausendsassa. Künstler, Kunstprofessor, Architekt. Für den Schokoladenproduzenten Ludwig Stollwerck hat er Bilder für Stollwerck-Sammelalben gemalt. Für die Münchner Kammerspiele die Inneneinrichtung entworfen. Auf der Praterinsel dort mitten in der Isar ein neues Gebäude für die »Königlich Bayerische privilegierte Weingeist-, Spiritus-, Likör- und Essigfabrik«, die der Opa gegründet hatte. Zusammen mit Kollegen die Ausstattung des Schnellpostdampfers Kronprinzessin Cecilie. Und etliche Häuser hat er gebaut.

In Kiel die Villa Fischel. Hoch ragt sie auf, strahlend weiß. Ein halbrunder Turm, das Treppenhaus, schmiegt sich an den schlank wirkenden Korpus. Über dem Dach zeigt ein Kamin meterweit in die Höhe. Die blau gestrichenen Sprossenfenster sind großzügig in der Fläche, klein unterteilt. Der Eigentümer hat das Architektur-Juwel innen wie außen aufwendig in den Originalfarben restaurieren lassen.

Richard Riemerschmid war bedeutender Jugendstil-Architekt. Er sollte auch die Gesellschaftsräume von 13 neuen Kriegsschiffen gestalten, so lernte er die höchsten Marineoffiziere kennen. Max von Fischel war einer von ihnen, Oberwerftdirektor der Kaiserlichen Werft in Kiel und Admiral. Er mochte Riemerschmid nicht nur, weil der auch Reserveoffizier war. Max von Fischel war auch von Riemerschmids neuem Stil überzeugt, den »technisch sinnvollen und modernen Lösungen«, empfand sie als »geschmacklich gut, praktisch und behaglich«. Der Architekt, der Tradition mit Moderne verbinden konnte, sollte auch ihm ein Haus bauen. Die Villa fand in feinsten Kreisen der Gesellschaft großes Interesse. Vergeblich wünschte sich Max von Fischel auch den Kaiser als Gast, um ihn vom Zeitgenössischen zu überzeugen. Die Villa Fischel wird heute als »Beispiel für die Durchgangsphase vom Stadtpalais zum Eigenheim« bewertet.

Adresse Niemannsweg 127, 24105 Kiel-Düsternbrook | **Anfahrt** Bus 41, 42, Haltestelle Roonstraße, von hier 300 Meter den Niemannsweg entlang, auf der rechten Seite | **Öffnungszeiten** von außen | **Tipp** Es lohnt ein Spaziergang durch den Niemannsweg und die Seitenstraßen. Viele prächtige Häuser sind zu sehen, einige stehen unter Denkmalschutz.

38___Die Wale-Sammlung

Tümmler im Tanzsaal

Gib Flosse, Genosse. Fast scheint es, als sollte die flapsige Begrü-
ßungsformel hier neue Anwendung finden. Streckt da jemand seine
knöcherne Hand aus? Sind das nicht fünf Finger? Ein kleiner darunter und ein Daumen? Tatsächlich ist es das Knochengerüst einer
Flosse, groß wie ein Teppich. Die Flosse eines Wals.

Das Skelett des 14 Meter langen Säugers hängt wie tauchend an
der Decke des Zoologischen Museums. 1.500 Kilogramm wiegen
die Knochen. Zu Lebzeiten wäre der Pottwal so schwer gewesen wie
acht afrikanische Elefantenbullen. Fischer haben das tote Tier an
Schleswig-Holsteins Küste an Land gezogen. Es hatte sich im Wat-
tenmeer verirrt. Der Wal ist das Prunkstück im Herzen der zentralen
Ausstellungshalle des Museums, durch ein Glasdach mit Tageslicht
geflutet. Auf zwei umlaufenden Galerien kann man den Wal um-
runden, sich wundern darüber, warum er auf der rechten Seite seines
Gebisses 20, auf der linken aber 23 steile Zähne hat. Unter ihm das
Skelett eines Blauwals, vor Sylt gestrandet. Überall weitere Gerippe von Walen: vom Orca, vom Beluga, vom Grindwal, vom Mink.
Auch der »Kanalschwimmer« ist dabei, wie man ihn nannte. Der
Tümmler trieb sich 1929 drei Wochen lang im Nord-Ostsee-Kanal
herum. Als Fischer ihn erlegten, wurde er in einem Tanzsaal ausgestellt, bis er stank. Die Kieler Wale-Sammlung ist die artenreichste
in Deutschland.

Das Museum mit eleganter Ziegelfassade, durchsetzt mit schma-
len, hohen Fenstern und Bögen, hat 1881 Martin Gropius als »Kathedrale des Wissens« gebaut. Sie gilt als eines der wenigen innen
und außen weitgehend original erhaltenen Gebäude des Architekten. Von der Galerie gelangt der Besucher in weitere Archive des Le-
bens. Stockdunkel ist es in der Tiefsee-Abteilung. Gruselig leuchtet
dort in einem Glaszylinder ein Riesenkalmar. Seine Augen können
groß wie Fußbälle sein. Weltweit sind nur zwölf Exemplare ausgestellt. Eines in Kiel.

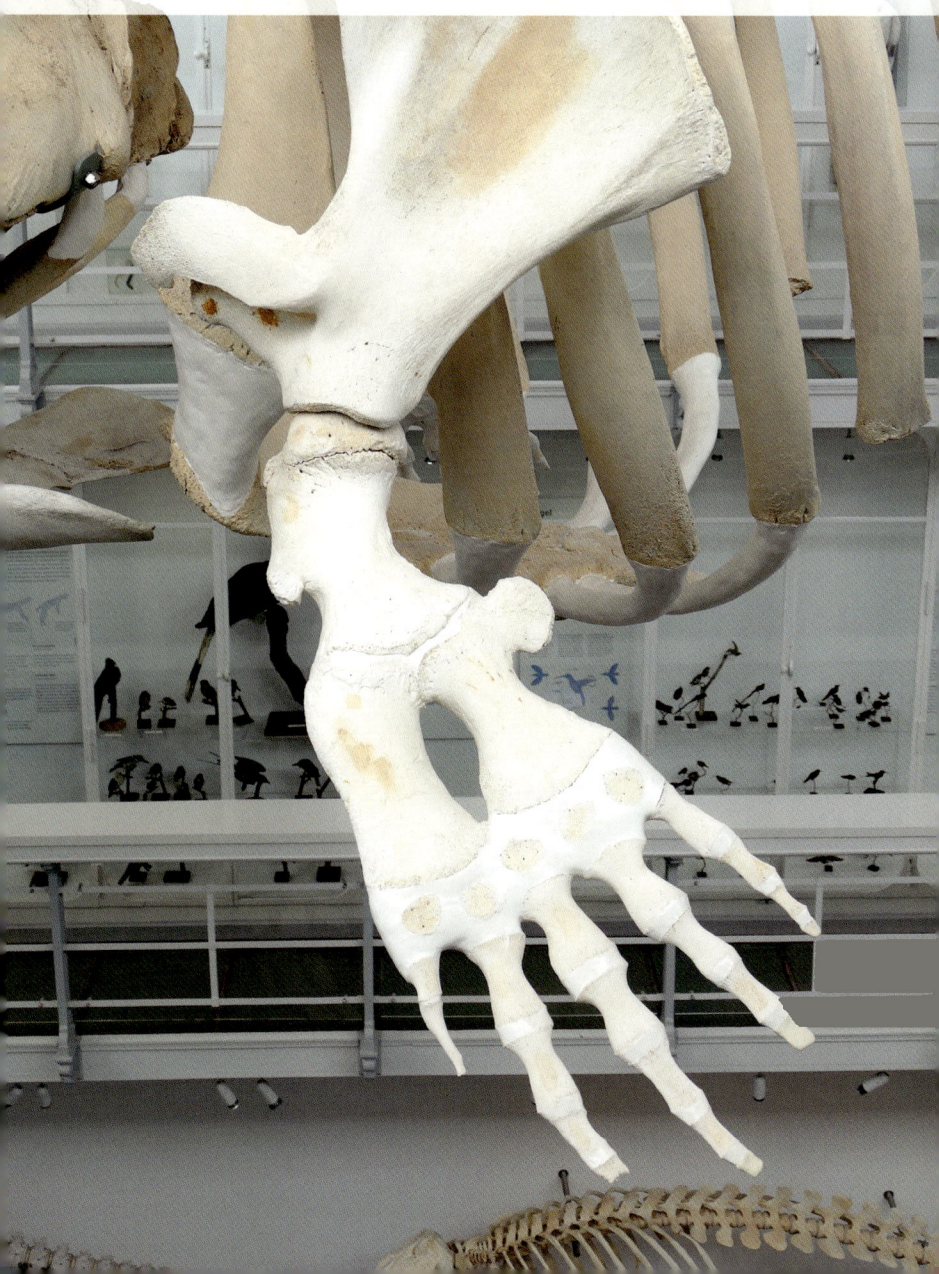

Adresse Hegewischstraße 3, 24105 Kiel-Düsternbrook, Tel. 0431/8805170 | **Anfahrt**
Bus 32, 33, 61, 62, Haltestelle Schlossgarten | **Öffnungszeiten** Di – Sa 10 – 17 Uhr,
So 10 – 13 Uhr | **Tipp** Um die Ecke, Brunswiker Straße 2, ist in der alten Bibliothek
die Medizin- und Pharmaziehistorische Sammlung der Universität untergebracht.
Wie es früher beim Arzt und Apotheker zuging, Kurioses und Gruseliges ist zu sehen
(Öffnungszeiten: Di – Fr 10 – 16 Uhr, So 12 – 16 Uhr, Tel. 0431/8805721).

39___Die Zwölf Apostel

In ihrem Schatten: Europas größtes Kinderfestival

Bis alles rechtskräftig war, gab es noch einen Kriminalfall zu lösen. Der kinderlose Bauer Heinrich Wilhelm Kruse hatte im Streit mit dem Halbbruder seine Koppeln auf dem steilen Hang zwischen Niemannsweg, Karolinenweg und Düsternbrooker Weg testamentarisch der Stadt vermacht. Als Kruse aber dement wurde, verschleppte ihn der Halbbruder und ließ das Schriftstück annullieren. Ein vertrackter Fall – am Ende siegte die Gerechtigkeit. Die Kieler Nachrichten schrieben: »Dramatische Millionen-Erbschaft. Entführung hatte nichts genutzt.« Die Stadt war nun rechtmäßiger Besitzer von »Kruse sien Koppel«, größer als fünf Fußballplätze.

Der Bauer, der 1896 starb, hatte aber verfügt, dass sein kostbarer Grundbesitz »während eines Zeitraums von hundert Jahren nicht geteilt, sondern als ein ungetrenntes Ganzes erhalten werden soll«. So ist es auch geblieben. Die Kieler nutzen das Naherholungsgebiet zum Sonnenbaden und zum Rodeln. Die Bäume von damals stehen immer noch, darunter die »Zwölf Apostel«, ein Baumkreis von 200 Jahre alten Linden. Kruses Grab wird auch heute noch von der Stadt gepflegt.

Während der Kieler Woche ist die Krusenkoppel Schauplatz der »Spiellinie«. Früher fand dieses bunte Spektakel am Ufer der Förde, auf der Kiellinie, statt. Daher der Name. Der Kulturreferent Dieter Opper hatte eine solche Spielstraße während der Olympischen Spiele in München gesehen und übertrug das Konzept auf Kiel. 20 Jahre später verlegte man die »Spiellinie« auf die Krusenkoppel. 400.000 Kinder und ihre Eltern kommen jedes Jahr. Die »Spiellinie« ist Europas größtes Kinderkulturangebot unter freiem Himmel. »Schlaraffenland« oder »In neun Tagen um die Welt«, immer haben die Veranstaltungen ein Thema. Neun Tage lang wird gemalt, gebastelt, gehämmert. Die Kinder verbauen das Holz von 60 Fichten, verpinseln 500 Liter Farbe. Am Ende sieht die Krusenkoppel ganz anders aus als zu Beginn.

Adresse Ecke Düsternbrooker Weg / Karolinenweg, 24105 Kiel-Düsternbrook | **Anfahrt** Bus 41, 42, Haltestellen Landtag und Institut für Weltwirtschaft | **Öffnungszeiten** ganzjährig | **Tipp** Legendär sind die Blues- und Rockkonzerte in der Freilichtarena für 2.200 Besucher auf der Krusenkoppel. Die Tatort-Schauspieler Jan Josef Liefers und Axel Prahl, beide auch Sänger, treten hier gern mit ihren Bands auf.

40__Die Bombe

545.000 wurden auf die Stadt abgeworfen

Detlef Boelck war Alarmposten auf dem Rathausturm, als 800 Bomber auf Kiel zuflogen. Die Stadt war als Standort der Schiffsindustrie und Marinestützpunkt Ziel der amerikanischen und britischen Luftstreitkräfte, und am 26. August 1944 sollten ihre Bewohner die schlimmste Nacht des Zweiten Weltkriegs erleben. Der Angriff dauerte von 22.55 bis 23.20 Uhr. In diesen nur 25 Minuten fielen 1.000 Spreng- und 100.000 Brandbomben sowie 300 Luftminen auf Kiel. Detlef Boelck schrieb in sein Tagebuch: »Der Waisenhofbunker war in Flammen eingeschlossen, die Ausgänge versperrt. Ein Munitionszug explodierte. Seit ein paar Tagen gab es Gas, das ist nun auch wieder vorbei. Die Licht- und Wasserleitungen sind zerstört. Straßenbahnen und Omnibusse fahren nicht. Viele Menschen stehen vor dem Nichts.« Hinter Glas ist vor dem Theater im Werftpark eine der Sprengbomben zu sehen, die nicht explodierte. 110 Zentimeter lang, 30 Zentimeter Durchmesser, 226 Kilogramm schwer.

Auch mehr als 70 Jahre nach Kriegsende werden im Kieler Boden immer wieder Bomben gefunden. Die Bürger müssen dann für Stunden ihre Wohnungen verlassen, bis die Sprengmeister des Kampfmittelräumdienstes die Blindgänger entschärfen konnten. 90 Luftangriffe mussten die Kieler erleiden, 545.000 Spreng- und Brandbomben fielen auf die Stadt. Tausende Zivilisten verloren ihr Leben, Zigtausende wurden verletzt, viele flohen. Vor dem Krieg hatten 261.000 Menschen in Kiel gelebt. Kurz vor der Kapitulation waren es noch 143.000.

Die Stadtarchivarin Hedwig Sievert erinnert sich: »Gegen Kriegsende konnte man weite Flächen überblicken, die vorher dicht bebaut waren. Wer die Altstadt vom Bootshafen oder auch von anderen Seiten betrachtete, konnte ihre natürliche flache Hügelform erkennen. So wie Kiel in den Tagen der Gründung ausgesehen haben muss.« So viel Schutt, wie in 150.000 Schiffscontainer passt, bedeckte die Stadt.

Adresse Ostring 187A, 24143 Kiel-Ellerbek | **Anfahrt** Bus 22, 71, 72, 101, 705, Haltestelle Ernestinenstraße | **Öffnungszeiten** ganzjährig | **Tipp** Der Werftpark war früher Erholungsgelände für die Arbeiter und Angehörigen der Kaiserlichen Werft. Eine der Attraktionen war ein Käfig mit lebenden Bären. Eine dreiköpfige Bärenfamilie aus Messing erinnert daran.

41_ Der Schwanenseepark

Das alte »Klein Paris in Kiel« hat neuen Charme

Neuerdings kommen Nonnengänse. Zugvögel, deren eigentliches Brutgebiet die russische Eismeerküste ist. Aber seit einigen Jahren paaren sie sich auch im Ostseeraum. Im Schwanenseepark zwischen Ostring und Werftstraße, mitten in der Stadt, ziehen Gänseeltern ihren Nachwuchs auf – der durchaus auch von heimischen Wasservögeln bestaunt wird.

Eine der grünen Lungen der Stadt, der über hundert Jahre alte Park, sie atmet wieder. Einst galt die Anlage als das »Klein Paris in Kiel«. Der Park war Ausflugsziel. Die Kieler kamen zum Flanieren, zum Schwimmen und gemütlichen Rudern auf Fischteichen, zum Kaffeetrinken. »Baukunst und Naturschönheit reichen sich die Hände«, schrieben die Kieler Nachrichten. »Mehr Poesie können Menschen nicht verlangen.« Aber mit der architektonischen Poesie der Gründerzeit-Häuser rund um den Park war es nach den Bombardements des Zweiten Weltkriegs vorbei. Und die Grünfläche verwilderte. Der Park geriet in Vergessenheit. Die Seen verlandeten und waren durch dichtes Gebüsch kaum noch zu sehen. Im Unterholz machten Dealer ihre Geschäfte. Bis im Jahr 2008 Bürger aktiv wurden und das städtische Grünflächenamt auf ihre Seite ziehen konnten. Sichtachsen wurden freigeschnitten, um den Charakter des Parks herauszuarbeiten. Der wird bestimmt durch sechs Teiche und Sperrstufen, die den Tröndelbach stauen. Wie an einer Perlenschnur reihen sich die Gewässer. Der Topografie ist zu verdanken, dass Wasserräder das Thema Wasserkraft erlebbar machen. Über Wege und weiße Brücken kann man an den Ufern der Teiche spazieren. Seeterrassen sind angelegt, der »Aussichtspunkt Liebeslaube« wurde saniert. Betonständer des Ostrings, der im Süden den Park überspannt, sind mit kunstvollen Graffiti besprüht.

Schwäne, die einst zahlreich die Ruderer begleiteten, gibt es keine im Schwanenseepark. Nur einen aus Styropor, lebensecht. Aber dafür kommen jetzt die Gänse.

Adresse zwischen Werftstraße und Ostring, Franziusallee und Klausdorfer Weg / Hang-
straße, 24148 Kiel-Ellerbek | **Anfahrt** Bus 11, 100, 200, 201, 210, 707, Haltestelle Franzius-
allee | **Öffnungszeiten** ganzjährig | **Tipp** Im Süden geht der Park unter dem Ostring
in den Stadtrat-Hahn-Park über. Freie Flächen wechseln mit Waldpartien. Willy Hahn
(1887–1930) war Stadtplaner in Kiel. Ihm verdanken die Bewohner viele der Grünflächen
und begrünten Ringe.

42 Der Kiel-Fisch

Persönliche Liebeserklärung an die Stadt

Olaf Heichert hat eine Vision. Die eines Fisches, der am Falckensteiner Strand auf seiner Schwanzflosse steht. 17 Meter hoch. Gleich neben dem grün-weißen Leuchtturm. Eigentlich ist es nur das Gerippe eines Fisches. Lediglich Kopf, Rückgrat, sechs Gräten und der Schwanz sind übrig. Wer aber genau hinsieht, kann erkennen, dass Kopfende, Gräten und Flosse das Wort Kiel bilden. Dieser Kiel-Fisch ist ein sogenanntes Ambigramm. Dreht man es in der Horizontalen um 180 Grad, ergibt sich derselbe Schriftzug. Man kann Kiel also von beiden Seiten lesen. Heichert hält den Fisch deshalb für ideal als prägnantes Ortsschild. Kreuzfahrer und Seeleute sollen es schon von weiter Ferne als Willkommensgruß verstehen: »Schön, dass ihr da seid!« Wer mit dem Schiff die Innenförde wieder verlässt, den würde der Fisch verabschieden: »Ahoi! Passt auf euch auf und kommt bald wieder.«

Olaf Heichert ist Goldschmiedemeister und Künstler. Der Kiel-Fisch ist ihm eines Tages aus dem Zeichenstift geflutscht. Seither vermehrt er sich rasant. Auf vielen Heckklappen schwimmt der Fisch als Aufkleber durch die Stadt. Eine persönliche Liebeserklärung an die Stadt. Nur Fremde fragen anfangs, warum man sich hier einen abgenagten Hering ans Auto pappt. Olaf Heichert: »Der Kiel-Fisch ist ein Bekenntnis. Wie Kiel ist er nordisch klar, schnörkellos, jung, frisch und frech, ständig in Bewegung und doch beständig.« Den Kiel-Fisch gibt es inzwischen auf vielen Merchandising-Artikeln. Als Schmuck, auf Mützen, Prosecco-Flaschen und 14 Jahre altem Rum. Im Stadtteil Elmschenhagen hat er seinen eigenen Laden, in Dutzenden weiteren Shops kann man ihn kaufen.

Nun möchte sein Erfinder die 17-Meter-Skulptur in einer Kieler Werft aus poliertem Edelstahl fertigen lassen. So würde der Fisch die wechselnden Farben des Wassers, des Himmels, des Sonnenuntergangs spiegeln. Nachts könnte man ihn in bunten Farben beleuchten.

Adresse Dorfstraße 15, 24146 Kiel-Elmschenhagen, Tel. 0431/3869739 | **Anfahrt** Bus 9, 32, 34, 300, 702, 4310, 4330, Haltestelle Dornbusch | **Öffnungszeiten** Mo–Fr 10–18 Uhr, Sa 10–13 Uhr | **Tipp** Im Schilfgürtel des nahen Wellsees kann man Eisvögel und Reiher- kolonien sehen. In strengen Wintern ziehen Schlittschuhläufer ihre Bahnen.

43__Die Fassaden-Bilder

Schauspiel über drei Stockwerke

Was mögen sie sich zurufen? Weit lehnt sich ein Mann im gelben Morgenmantel rücklings aus dem Fenster, hält sich am Rahmen fest. Den Kopf nach oben gerichtet zur Nachbarin ein Stockwerk über ihm. Die schaut im roten Kleid nach unten. Etagen-Tratsch. Noch ein Geschoss höher ist das Fenster gekippt, Durchzug hat einen Vorhang halb herausgeweht. Geht man um das Haus herum, sind wieder drei Gemälde übereinander angeordnet. Im ersten Stock steht ein Mann mit brauner Jacke im halb geöffneten Fenster. Die Arme verschränkt. Finster blickt er. Im Stockwerk darüber hockt ein Mädchen auf der Fensterbank, es hat die Arme auf die Knie gestützt. Hinter dem Fenster eins höher ist nur eine kümmerliche Pflanze zu sehen.

»Eine Herausforderung«, sagt der Künstler Christian Imme, der diese Fassaden-Bilder gemalt hat. Er ist 1980 Student an der Muthesius-Kunsthochschule, als der Malerei-Professor Harald Duwe ihn anspricht, ob er sich nicht etwas dazuverdienen wolle. Ein Hausbesitzer lasse sein schönes Haus aus der Gründerzeit aufwendig sanieren. Sechs Fenster seien aber zugemauert, und das gefalle ihm nicht. Vielleicht könne man ja die Fassade bemalen.

Student Imme kann damals jedes Geld zusätzlich gut gebrauchen, er hat schon zwei kleine Kinder. Zuvor hat er Stuckateur und Plakatmaler gelernt und kommt gerade von einer Rom-Reise zurück. »Ich war beeindruckt von den Fresken.« Das Baugerüst steht noch am Haus, Christian Imme misst die zugemauerten Fenster aus, lässt sich sechs Eternitplatten zuschneiden und besorgt sich im Baumarkt Abtönfarben in Tuben. Dann malt er. Es ist die Technik der Illusionsmalerei. Auf zweidimensionalen Flächen wird dreidimensionale Wirkung erzielt. Zwei Wochen braucht er. »Aber die schwerste Arbeit war eigentlich, die Platten über das Gerüst nach oben zu wuchten und anzuschrauben.« Der Mann mit dem kritischen Blick ist teils ein Selbstporträt.

Adresse Eckernförder Straße 31, 24103 Kiel-Exerzierplatz | **Anfahrt** Bus 31, 34, 91, 100, 101, 640, 902, 4810, Haltestelle Wilhelmplatz | **Tipp** Nur ein paar Meter rechts von den Fassaden-Bildern hat das Musiculum in der ehemaligen Sternschule seine Räume, eine Lern- und Experimentierwerkstatt für Musik. Im Hinterhof stehen ein Klangwald, ein Erdxylofon und weitere Naturklangstationen. Entdecken, ausprobieren, staunen!

44 Die Galerie Club No 68

Hier hat Brösel die Werner-Comics gezeichnet

Auf den speckigen Autoledersitzen, die hier Sitzbank sind, haben sie gelümmelt. Holger Henze vom Tresen aus gesehen links in der Ecke am Fenster, seinem Lieblingsplatz. Zeichner Rötger Feldmann, besser als Brösel bekannt, ihm gegenüber. Vor sich zwei Flaschbier, den Bölkstoff. Brösel hat das Strichmännchen Werner mit den vier Haaren auf der Glatze und dem Riesenzinken im Gesicht auf Papier lebendig werden lassen. Holger Henze hat viele der Sprechblasen getextet. Sechs Jahre lang erschienen Brösels Comics zunächst in der Satirezeitschrift Pardon, später in den Werner-Büchern. Millionen Fans des Blödel-Proleten und norddeutschen Flachsinns haben bei Werner-Filmen (»Werner – Das muss kesseln!!!«, »Werner – Volles Rooäää!!!«) abgelacht. Werner war Kult in den 1980er und 1990er Jahren. Der Spiegel jubelte: »Hurra, wir verblöden«. Beinhart!

Eine Werner-Büste, über all die Jahre mit viel Nikotin, Küchendunst und Staub belegt, steht in einem Regal des Szene-Lokals Galerie Club No 68. Holger Henze ist hier Hausherr – Galerist, Gastwirt, Küchenmeister, Künstler. Zusammen mit Freunden und Absolventen der Muthesiusschule hat er hier vor einem halben Jahrhundert den Verein »Informationszentrum Junger Künstler« gegründet. »Es gab in Schläfrig-Holstein kein Forum für die Gegenwartskunst.« Der Gestalter Raffael Rheinsberg, die Maler Peter Nagel oder Gerrit M. Bekker – die Liste der Künstler, damals Avantgarde, die im Club ausgestellt, wild diskutiert und getrunken haben, ist lang. Die ersten Retrospektiven des Regisseurs Rosa von Praunheim waren hier zu sehen. Die Räume über der Kneipe sind immer noch Galerie.

Etwa 1978 tauchte immer häufiger Rötger Feldmann im Club auf. Als Holger Henze dessen Comics sah, »bin ich vor Lachen fast von der Leiter gefallen«. Henze gilt als Brösels Entdecker. Und Bölkstoff, in Flensburg gebraut, gibt es immer noch im Club. Besser is das!

Adresse Ringstraße 68, 24103 Kiel-Exerzierplatz, Tel. 0431/61739 | **Anfahrt** Bus 91, Haltestelle Adelheidstraße | **Öffnungszeiten** Mo–Sa 18–4 Uhr | **Tipp** Über die Kirchhofallee gelangt man zur Saarbrücker Straße. Hier ist der Haupteingang zum Südfriedhof (Saarbrücker Straße 1), Deutschlands erstem Parkfriedhof. Heinrich Möllig (1825–1888) hat hier ein Ehrengrab. Er war Kiels erster Oberbürgermeister.

45__Das Unverpackt

Wer hier einkaufen will, bringt seine Dosen mit

Früher war das nicht anders. Wer vor vielleicht hundert Jahren zum Kaufmann ging, zum Tante-Emma-Laden, nahm seine Milchkanne mit, eine Schüssel für die Trockenerbsen, eine Dose fürs Mehl. Milchkannen gibt es schon aus hygienischen Gründen nicht mehr, wer aber Marie Delaperrière in ihrem Laden besucht, kann Milch dort in Pfandflaschen bekommen. Für die meisten der 300 anderen Produkte haben die Kunden Tupperware dabei, Gläser, eigene Beutel. Wer kein Gefäß zur Verfügung hat, kann ein solches bei Marie Delaperrière erstehen und immer wieder verwenden. Dann füllt er sich den Mais für Popcorn, Goji-Beeren, Wiener Melange oder Ayurvedisches Zaubersalz selber ab. Unverpackt.

Die Französin in Kiel hatte es irgendwann satt. Sie kam gerade zurück vom Einkauf für die fünfköpfige Familie, stand vor einem Berg von Folien, Plastikschachteln, Umverpackungen. Wie jeder Deutsche. Statistisch kommt er auf 250 Kilo Verpackungsmüll jährlich. »Das muss aufhören«, sagt die gelernte Logistik-Managerin. Marie Delaperrière eröffnete ihren Laden, der nach seinem Konzept benannt ist: unverpackt. Er war der erste dieser Art in Deutschland. Das Motto: »Lose, nachhaltig, gut«.

Fleisch, Fisch, Käse sind nicht im Angebot. Vorwiegend lang haltbare Ware. Alle denkbare Getreidearten, Teigwaren, Hülsenfrüchte, Nüsse, Spirituosen, Öle. Oder Rasierseife mit grünem Avocadoöl. Auch zum Haarewaschen wird sie empfohlen, man soll aber mit Essigwasser nachspülen. Aus Abfüllbehältern entnehmen die Kunden genau so viel, wie etwa ein Rezept es vorschlägt. Also 300 Gramm Pasta, warum sollte man den Rest einer Pfund-Packung übrig behalten? Man kann auch nur einen Esslöffel voll nehmen. »Die Begeisterung unserer Kunden hat alle Erwartungen übertroffen«, sagt Marie Delaperrière. In ihrem Bistro bietet sie Eintopf, Espresso oder Cappuccino an. Für zehn Cent weniger, »wenn du den eigenen Becher mitbringst«.

Adresse Kronshagener Weg 10, 24103 Kiel-Exerzierplatz, Tel. 0431/64080248 | **Anfahrt**
Bus 22, 31, 34, 100, 101, 300, 620, 621, 640, 830, 4630, 4810, Haltestelle Exerzierplatz |
Öffnungszeiten Mo–Fr 10–18 Uhr, Sa 10–13 Uhr | **Tipp** Wer zweimal um die Ecke
biegt in die Stiftstraße und die Möllingstraße, gelangt zu Tabac Trennt (Möllingstraße 28).
Das »Spezialgeschäft für den kultivierten Raucher« repariert Pfeifen und bietet feinste
Havanna-Zigarren an. Verpackt und unverpackt.

46 Das Surf- und Paddel-Revier

Sportplatz mit Aussicht auf große Schiffe

Im Sport gibt es immer wieder Neues zu entdecken. Für die nächsten Jahre wird Longe Côte eine große Zukunft vorausgesagt. Das sieht ulkig aus: Wie beim Ausflug einer Schwanenmama mit ihren Küken staksen Menschen in Ufernähe hintereinander aufgereiht durchs brusthohe Wasser. In den Händen ein Paddel, mit dem sie mal links, mal rechts ins Wasser stechen. Das Paddel unterstützt die Wasserverdrängung. Wellenwandern könnte man die Polonaise im Neoprenanzug auch nennen.

Longe Côte kommt aus Frankreich, übersetzt bedeutet der Begriff »der Küste entlang«. Erfunden hat den Sport ein Ruderlehrer. Er suchte neue Möglichkeiten, auch die weniger beanspruchten Muskeln seiner Athleten zu trainieren. Also ließ er das Boot einfach mal weg. Longe Côte soll auch Unsportliche in Bewegung bringen. Dicke, die sich im Wasser leichter fühlen. Senioren, die nicht fürchten müssen, zu stürzen. Der Vordermann der Schwanenfamilie ist der Wellenbrecher. Trainer Mikesch Groht, der sonst an der Kieler Förde eine Stand-up-Paddling-Schule betreibt: »Diesen Sport kann jeder. Er fördert die Muskelkraft im beschützten Miteinander. Wenn sich eine Gruppe gut eingepaddelt hat, dann perlt das richtig schön den Strand entlang.«

Das Stand-up-Paddling (SUP), das Paddeln im Stehen auf einem etwas breiteren Surfbrett, diese Mischung aus Wellenreiten und Paddeltour, ist seit Jahren Trendsport an der Förde. Etwas für seine Rückenmuskulatur zu tun und gleichzeitig die großen Schiffe zu beobachten, ihnen nahe zu kommen, das ist der Kick. Mikesch Groth bietet SUP auch auf den ruhigen Armen der Schwentine an, die in die Förde mündet. Viele Wassersportschulen orientieren ihr Sportangebot an der Nachfrage. Surfen kann man bei ihnen natürlich auch immer noch lernen.

NEU!

Stand-Up-Paddel

Adresse SUP-Schule Kiel, Katzbek 17, 24235 Laboe, Tel. 0172/4111027; Surfschule Westwind, Falckensteiner Strand 87, 24159 Kiel-Friedrichsort, Tel. 0431/2483872; Surf Club Kiel, Bülker Weg 55, 24229 Strande, Tel. 0157/82776886 | **Anfahrt** SUP-Schule: Treffpunkt auf Anfrage; Surfschule Westwind: Bus 503S, Haltestelle Falckensteiner Strand; Surf Club Kiel: Bus 33, 501, 502, 512 S, 901, 902, Haltestelle Strande | **Öffnungszeiten** Kurszeiten auf Anfrage | **Tipp** Bei Starkwind ein Spektakel: die Luftsprünge der Kitesurfer vor den Stränden von Laboe und Stein.

47 Der Gebetsschuppen

Gotteshaus ganz aus Holz

Preußisch genau ging es zu, als Friedrichsort noch nicht Stadtteil von Kiel war, sondern eigenständige Gemeinde. Von den damals 811 Einwohnern gehörten 600 der Marine an. Für die Soldaten und ihre Familien wurde eine Garnisonskirche gebaut. Alles hatte seine strenge Ordnung, wenn Gottesdienst war. Die einfachen Matrosen, die zum Beten abkommandiert waren, mussten zunächst vor der Kirche antreten. Später durften sie in den Bänken ganz hinten sitzen. Davor die Zivilisten, die als Gäste geduldet waren. Ganz vorn saßen die Offiziere und ihre Frauen. Nicht auf harten Bänken, auf bequemen Stühlen.

Die Bethlehem-Kirche, die über hundert Jahre ohne Namen war, ist ein Fachwerkbau, ganz mit Holz verkleidet. Religionsschuppen und Gebetsschuppen wurde sie deshalb auch genannt. Sie ist Kiels drittälteste Kirche und der einzige sakrale Holzbau Schleswig-Holsteins der Zeit nach 1870. Bethlehem-Kirche heißt das Gotteshaus erst seit 1987, angeregt durch das Einweihungsdatum am Weihnachtsfest 1875. Und so schlicht wie sie auch innen ist, erinnert die Holzkirche tatsächlich an die Botschaft des Kindes von Bethlehem.

Von Anfang an bis 1953 wurde die Kirche vornehmlich für evangelische, aber auch für katholische Gottesdienste genutzt. Kanzel und Bänke gehören noch zur ursprünglichen Einrichtung, die Kaiserliche Torpedowerkstatt fertigte die Bronzeleuchter. Der heute immer noch gute Zustand des Gebäudes ist der Arbeit eines überkonfessionellen Fördervereins zu verdanken. Er hat die als Denkmal geschützte Kirche 1999 vom Bundesvermögensamt gekauft, welches das Gotteshaus loswerden wollte. Als ehemalige Garnisonskirche gehörte sie der Bundesrepublik Deutschland. Gottesdienste, Taufen, Trauungen, Trauerfeiern finden auch weiterhin statt. Der Gebetsschuppen ist heute aber hauptsächlich Kulturkirche. Konzerte werden gegeben, Vorträge und Lesungen gehalten.

Adresse Möhrkestraße 9, 24159 Kiel-Friedrichsort, Tel. 0431/396361 | **Anfahrt** Bus 91, 501, 502, 701, Haltestelle An der Schanze; Fördedampfer F 1, Anlegestelle Friedrichsort | **Öffnungszeiten** Wenn die Kirche geschlossen ist, bei Familie Kurowski klingeln, sie sperrt gern auf: Haus hinter dem Spielplatz neben der Kirche, Möhrkestraße 11. Oder einen Termin vereinbaren. | **Tipp** Am Heinrich-Rixen-Platz in der Fußgängerzone steht die Spitze des alten Leuchtturms von Friedrichsort. Preußischer Grenadier wurde er genannt.

48__Der Sporthafen Stickenhörn

Die eigene Welt der Hausboot-Besitzer

Manche Kieler mögen den Sporthafen Stickenhörn lieber als andere Häfen an der Förde. Die Yachten hier sind nicht ganz so groß. Auf der Mole, von der elf Stege abgehen, kann man auf Bänken unter alten Bäumen sitzen. Der Blick geht hinüber zu den blauen Kränen der Lindenau-Werft, wo Schweißer Frachter um ein paar Meter verlängern. Rechts davon der grün-weiße Leuchtturm am Falckensteiner Strand. Die Perspektive ist unendlich, die Atmosphäre familiär.

Dass der Hafen überhaupt erhalten ist, ist dem Verein Mole Stickenhörn zu verdanken. Die Stadt hatte die Steganlage verkommen lassen, der Abriss drohte. Da fanden sich Bürger und Wassersportler zusammen, nahmen selbst Geld in die Hand und kämpften. Es war ein zähes Ringen, letztendlich mit Erfolg. 460 komfortable Liegeplätze sind entstanden. Alle Gebühren, welche die Bootseigner zahlen, werden nun in die Infrastruktur investiert.

Auf der anderen Seite der Mole ist die Schwentineflotte vor Anker gegangen, genauer gesagt liegen hier 40 Boote an zwei Stegen. Die Schiffseigner leben auf ihren Booten, manche an 365 Tagen im Jahr. Unter ihnen ein Archäologe, ein Förde-Lotse, ein Computer-Spezialist. Früher waren die Hausboote am Seefischmarkt auf der anderen Seite der Förde vertäut, wo sich das Flüsschen Schwentine in die Ostsee ergießt. Die Expeditionsschiffe des Helmholtz-Zentrums für Meeresforschung haben sie vertrieben. Stickenhörn ist das neue Zuhause. Die Decksaufbauten sind teils mit Planen zusätzlich geschützt. Wäsche trocknet auf der Leine im Wind. Eine Löwenstatue ziert ein Vordeck. Auf einem anderen Schiff wird ein Kräutergarten gepflegt. In einem blauen Topf brütet jedes Jahr eine Möwe, die sie hier »Taubi« nennen. Sozialer Treffpunkt der Bewohner ist vor den Sanitärcontainern das »offene Wohnzimmer« mit Kühlschrank und alter Couch. Und Blick über eine ganz eigene Welt.

Adresse Prieser Strand 12, 24159 Kiel-Friedrichsort/Pries, Tel. 0431/2602226 (Schwentineflotte e.V.), 0431/26048424 (Hafenmeister) | **Anfahrt** Bus 91, 501, 502, 503 S, 512 S, 701, Haltestelle Prieser Strand; Fördedampfer F 1, Anlegestelle Friedrichsort, von hier 15 Minuten zu Fuß | **Öffnungszeiten** ganzjährig | **Tipp** Gegenüber der Mole ist am Ufer eine weitere Steganlage zu sehen, sie gehört zum Plüschowhafen. Dieses Areal hat bei den Planungen zur neuen Nutzung des geräumten Marinefliegerstandortes zentrale Bedeutung.

49__Der Strand ohne Ende

Sonnenbaden und schwimmen auf drei Kilometern

An ihrer engsten Stelle ist die Förde nur 964 Meter breit. Hier entsteht der Eindruck, die Traumschiffe, die Skandinavien-Fähren und die großen Frachtpötte fast greifen zu können. Hier hat man die großartigste Aussicht auf die Windjammer bei ihrer Parade am zweiten Samstag der Kieler Woche, wenn sich die Förde für Stunden in ein Meer aus weißen Segeln verwandelt. An dieser Stelle steht auf einer kleinen Insel der grün-weiß gestrichene Leuchtturm Friedrichsort, 32 Meter hoch. In der Nähe brutzeln im Sommer die Nackedeis im Sand.

Sonst ist der Falckensteiner Strand keine textilfreie Zone. Drei Kilometer von Nord nach Süd und 80 Meter breit – er ist Kiels längster Strand. Natur pur mit Wildkräuterwiesen und Dünengrasfeldern. Der Sand ist fein, das Wasser seicht, und eine Strandgebühr wie andernorts muss man auch nicht bezahlen. Bäume, die Schatten spenden, stehen hier aber keine. Strandkörbe werden nicht vermietet. Dafür hat man einen Panoramablick über die Förde bis weit hinaus aufs Meer. Familien kommen gern hierher. Jugendliche treffen sich abends zu Strandfeten.

Hinter dem Deich, aber auch hinter Stacheldraht liegt die Festung Friedrichsort, einzige erhaltene Seefestung Deutschlands. Im Dreißigjährigen Krieg ließ der dänische König Christian IV. sie bauen. Sie war gewaltig groß, hatte einen eigenen Hafen und Wassergräben von 37 Meter Breite. Immer wieder wurde sie verändert. Werner Siemens, der später von Siemens hieß und den Weltkonzern gründete, hat hier 1848 im Schleswig-Holsteinischen Krieg die Kieler Bürgerwehr gegen dänische Seestreitkräfte unterstützt. Er entwickelte ferngesteuerte Unterwasserminen, die vor dem Kieler Hafen ausgelegt wurden. So hinderten sie die feindliche Marine daran, die Stadt aus der Nähe zu beschießen. Die Festung ist zum größten Teil Ruine. Immerhin wird diskutiert, sie als Denkmal für Besucher zugänglich zu machen.

Adresse Falckensteiner Strand, 24159 Kiel-Friedrichsort | **Anfahrt** Bus 503S, Haltestelle Falckensteiner Strand; Fördedampfer F 1, Fahrplan unter www.sfk-kiel.de; mit dem Pkw von der B 503 in die Fördestraße, im Ortsteil Pries rechts in die Friedrichsorter Straße, links in die Straßen Brauner Berg und Palisadenweg, nächste Möglichkeit rechts, Parkplätze hinterm Deich | **Tipp** Am südlichen Ende des Strandes lädt der Biergarten »Deichperle«, Deichweg 24, ein (Tel. 0431/7754754; Öffnungszeiten: April, Okt. Mo–Fr 11–18 Uhr, Sa–So 10–18 Uhr, Mai, Sept. Mo–Fr 11–19 Uhr, Sa–So 10–19 Uhr, Juni–Aug. täglich 10–20 Uhr).

50_Das Bunkerbild

Nackte Frauen und Kanonen

Ein nackter Frauentorso, fünf Meter hoch, im Sommer züchtig hinter Astlaub versteckt, prangt in der Mitte der Fassade des Iltisbunkers zur Preetzer Straße hin. Auch die zwölf Meter hohe Wand an der Iltisstraße ist bemalt. Wieder eine kopflose Nackte, der Körper dynamisch in Bewegung. Die Körbchengröße dürfte hier deutlich höher ausfallen. War das eine Aufregung vor mehr als einem Vierteljahrhundert, als das Wandgemälde entstanden ist! Aber mehr als ein bisschen Gehupe ist nicht passiert, wenn ein Autofahrer sich hatte ablenken lassen und so übersah, dass die Ampel längst Grün zeigte.

Der Kunsthistoriker Jens Rönnau interpretiert die Frauenkörper als »ironischen Kontrast gegen militärisches Gemetzel und Menschenverfolgung«. Denn das vor allem ist sonst auf der Fassade zu sehen: ein Bündel Kanonenrohre, dreidimensional dargestellt hat es seine Wirkung auf den Betrachter. Männer mit Schlips und Stahlhelm, die mit imaginären Handfeuerwaffen auf Passanten zielen. Die Zerstörung von Synagogen ist zu sehen, das Thema der Reichspogromnacht 1936. Der Krieg: Panzer, brennende Häuser, eine Frau, die neben einem toten Soldaten trauert. Im Porträt ist Rosa Luxemburg zu erkennen, sozialistische Politikerin und Mitbegründerin der Kommunistischen Partei Deutschlands, 1919 von Rechtsradikalen ermordet. Wie Karl Liebknecht, auch er kommt vor. Und Arbeiter wie Matrosen demonstrieren mit einer roten Fahne. Das spielt auf die Novemberrevolution 1918 an. Alles ist mit aufwühlender grauer und roter Farbe hinterlegt.

»Krieg und Revolution« ist der Titel des Bildes, das Mahnmal gegen Krieg und Faschismus sein will. Unter der Regie des aus dem Iran stammenden Künstlers Shahin Charmi haben sechs arbeitslose Frauen und Männer es gemalt, gefördert mit öffentlichem Geld. Jetzt bröckelt der Beton, die Farben blättern ab. Es ist aber beschlossen, das Bunkerbild zu restaurieren.

Adresse Ecke Preetzer Straße / Iltisstraße, 24143 Kiel-Gaarden | **Anfahrt** Bus 32, 34, 300, Haltestelle Räucherei oder Bus 4310, 4330, Haltestelle Preetzer Straße / Ostring | **Tipp** Nur ein paar Meter Richtung Innenstadt steht die Räucherei in der Preetzer Straße 35. Die ehemalige Fischräucherei ist heute Bürgerzentrum und Konzertbühne.

51 Die Gaarden-Brücke

Sie endet einfach in der Luft

Es sieht aus wie gewollt, aber nicht gekonnt: Vom Stadtteil Gaarden spannt sich eine Fußgängerbrücke über die vielspurige Werftstraße. Ihr Ende ruht auf einem Betonpfeiler – praktisch im Nichts. Eine Stahltreppe, provisorisch wirkt sie, führt nun hinunter. Und ein Lift. Dessen zerschlagene Glastür ist mit Sperrholz abgedichtet. Im Fahrstuhl stinkt es nach Urin und Erbrochenem. Mütter schleppen den Kinderwagen lieber die Treppe hinunter.

Wie abgeschnitten wirkt die Brücke – und das gilt für den Stadtteil auch. Getto-Image. Das frühere Arbeiterviertel, zur Werften-Blütezeit kerngesund, ist ein krankes Arbeitslosenviertel. Mindestens jeder Dritte erhält sein Geld vom Amt. Mehr als die Hälfte der Menschen oder ihre Eltern sind aus dem Ausland zugereist. Bei einer Wahl lag die Beteiligung unter 20 Prozent. Jeder zweite Schulanfänger hat Karies. Zwei Drittel der Kinder bekommen Sozialgeld. Wenige hundert Meter vom Liegeplatz der Luxusliner entfernt.

Wer über die Brücke und durch den Pastor-Gosch-Weg geht, kommt zum Vinetaplatz, das wirtschaftliche Zentrum Gaardens. Die Spannungen des Alltags sind sichtbar. Ja, einige haben sich etwas aufbauen können. Der Bio-Döner-Laden, der Friseur aus dem Libanon, der Teestuben-Wirt. Aber man sieht auch die Trinker. Die Junkies, die ihr Drogenbesteck auf dem Spielplatz deponieren. Die Chancen- und Hoffnungslosen. Man spürt ihr Gefühl, für nichts verantwortlich zu sein. Die Mieten sind die niedrigsten in Kiel. Immobilieninvestoren sind trotzdem interessiert. Die Einnahme ist sicher, die Miete zahlt der Staat. Die Stadt, das Land, Europa pumpen Millionen in den Sozialraum Gaarden. Sozialarbeiter und Ehrenamtliche engagieren sich vorbildlich. Trotzen der Gettoisierung. Es galt mal als besonders wegweisend, in Gaarden eine Wohnung zu suchen. So nah am Zentrum, multikulti, alternativ. Vorbei. Selbst manche Studenten ziehen lieber weg.

Adresse Gaardener Ring, 24143 Kiel-Gaarden | **Anfahrt** Bus 11, 22, 31, 34, 60S, 100, 101, 102, 200, 201, 210, Haltestelle Werftsraße; zu Fuß vom Hauptbahnhof über die Hörn-brücke und vorbei am Germaniahafen | **Tipp** An der Südseite des Vinetaplatzes verläuft die Medusastraße. Mal eine Alternative: der Fladenbrotbäcker dort (Medusastraße 3).

52__Die geheime U-Boot-Werft

Einblick hat man nur vom Förde-Dampfer aus

Zutritt verboten! Am Werkstor der Werft-Anlagen von Thyssen-Krupp Marine Systems kommt nur rein, wer einen Sicherheitsausweis vorzeigen kann. Betriebsführungen werden auch nicht angeboten. Das Gelände ist gesichert wie Fort Knox. Die Schiffsbaufabrik ist Deutschlands geheimste Werft. Hier wird militärische Hochtechnologie produziert.

Unterwasserboote aus Kiel sind ein Exportschlager. Die Typen der neuesten Generation haben Brennstoffzellen als Antrieb. Sie können damit wochenlang unter Wasser bleiben, sind so leistungsfähig wie nuklear betriebene U-Boote. Neben der deutschen und der israelischen Marine fahren inzwischen U-Boote in Portugal, Griechenland und Südkorea mit dem Brennstoffzellenantrieb aus Kiel. U-Boote wurden in insgesamt 17 Länder exportiert. Im Jahr 2015 bewarb sich die Werft um einen Auftrag für Australien. Es ging um zwölf 90 Meter lange Brennstoffzellen-Boote, um eine zweistellige Milliarden-Euro-Order.

Wer am Anleger Bahnhofsbrücke gegenüber dem Hauptbahnhof auf einen der Fördedampfer zur Hafenrundfahrt steigt (nur in den warmen Monaten), bekommt doch einen guten Einblick in das Werft-Gelände. Nur diese Fährschiffe fahren dicht daran vorbei. Wer Glück hat, sieht eines der U-Boote im Dock oder im Wasser. Manchmal wird an zweien parallel gearbeitet. Links daneben lassen sich in der Werft German Naval Yards die reichsten Menschen der Welt schicke Yachten entwerfen. 2015 war hier erstmals die »White Pearl« zu sehen. Drei Jahre hatte man an der Luxusyacht gebaut. 140 Meter lang, 90 Meter hoch der Mast – zeitweilig das größte Segelschiff der Welt. Die blauen Portalkräne vor den Werfthallen gehören zu den Wahrzeichen Kiels, sie sind von vielen Stellen der Stadt aus zu sehen. Der größte ist 111 Meter hoch. Er kann das Gewicht von 22 Sattelschleppern heben.

Adresse Werftstraße 112 – 114, 24143 Kiel-Gaarden, Tel. 0431/7000 | **Anfahrt** Förde-dampfer F 1 ab Anlegestelle Bahnhofsbrücke oder Hafenrundfahrt | **Öffnungszeiten** Fahrzeiten der Hafenrundfahrt: Mai – Okt. täglich um 10, 13, 15 Uhr (Fahrzeit zwei Stunden), Fahrplan unter www.sfk-kiel.de | **Tipp** Die Hafenrundfahrt lohnt sich doppelt, wenn auch Kreuzfahrtriesen im Hafen liegen. Die Fördedampfer fahren dicht an ihnen vorbei. An manchen Tagen legen vier Traumschiffe gleichzeitig an (Informationen unter www.portofkiel.com).

53__Die Kruppsche Kolonie

Damals eine Sensation: Toiletten in der Wohnung

Das war der reine Luxus! Die Toilette nicht im Hof oder – auch schon vornehm – auf dem Treppenabsatz. Das Klo in der eigenen Wohnung! Und raus mit dem Zink-Bottich, Badewannen gab's jetzt in der Waschküche im Keller! Wer in der Kruppschen Kolonie in den Jahren 1902/1903 eine Wohnung bekommen konnte, der war wer in Kiel. Einen guten Arbeitsplatz hatte er sowieso in der Werft unten am Ostufer.

Im August 1896 hatte der Essener Krupp-Konzern die Germania-werft in Gaarden übernommen. Das Investment in die Produktion von Kriegsschiffen ergänzte vorzüglich das Kerngeschäft des Unternehmens, die Stahl- und Kanonenfabrikation. Konzernchef Friedrich Alfred Krupp war ein schlauer Fuchs. Er wusste: Wenn er hier Erfolg haben wollte, dann musste er etwas für die Wohnzufriedenheit seiner Mitarbeiter tun. Also ließ er zunächst am Germaniaring (heute Ostring) eine Siedlung mit Werkswohnungen aus dem Boden stampfen. Drei- und Fünf-Zimmer-Wohnungen, bis 80 Quadratmeter groß. Die besten Arbeiter bekam er so. Die Werft, die 1905 mehr als 3.500 Mitarbeiter hatte, wurde die bedeutendste deutsche U-Boot-Werft. Sie baute auch Handelschiffe und Segelyachten. Ein zweites Viertel für Krupp-Arbeiter wurde in den Jahren 1917/1918 gebaut. Mehr als 200 Wohnungen insgesamt.

Die Kruppsche Kolonie ist mit ihrer abwechslungsreichen Gestaltung der Fassaden und Giebel ein architektonisches Kleinod an einer heute stark befahrenen Durchgangsstraße. Viele Kieler nehmen dieses eindrucksvolle Zeugnis des Werkswohnungsbaus gar nicht richtig wahr. Krupp ließ auch ein Warenhaus bauen, Spielplätze anlegen. Im nahen Park gab es zur Belustigung ein Gehege mit Bären. Die »Kruppsche Bierhalle« mit Kegelbahn war im Haus Preetzer Straße 52, heute das Sophie-Lützen-Haus. Die Namensgeberin war Pionierin der Kieler Arbeiterbewegung, hatte im Ersten Weltkrieg in einer Großküche 120 unterernährte Kinder durchgefüttert.

Adresse Ostring / Preetzer Straße / Blitzstraße / Greifstraße, 24143 Kiel-Gaarden | **Anfahrt** Bus 71, 72, Haltestelle Preetzer Straße / Ostring | **Tipp** Auf der östlichen Seite des Ostrings hat sich der Sport- und Begegnungspark Gaarden herausgeputzt. Blaue und rote übergroße Sportler-Silhouetten markieren die Eingänge. Grillplätze, Klettergelände, Skaterpark, Sportanlagen – alle Generationen sollen sich wohlfühlen. Der Park ist ein Gemeinschaftsprojekt von Vereinen und der Stadt Kiel.

54_Der Norwegenkai

Schwimmende Hotels mit 15 Decks

Was der Bauch der Fähren der norwegischen Reederei Color Line schlucken kann, ist gewaltig. Sattelschlepper und Busse auf einer Stelllänge von 1,3 Kilometern. Bis zu 750 Autos, viele für den Export bestimmt. Maximal 2.600 Passagiere verteilen sich auf 15 Decks, in tausend Kabinen. Ein Seereise-Hotel. Täglich pendeln die Schwesterschiffe Color Magic und Color Fantasy auf der Route von Kiel nach Oslo.

Für die Überfahrt brauchen sie 20 Stunden. Nachts treffen sie sich auf halber Strecke östlich der dänischen Insel Anholt. Neuerdings fahren die riesigen Pötte umweltverträglich. Ihre Schlote stoßen keine grauen Wolken mehr in den Himmel. Für 30 Millionen Euro hat die Reederei sie mit sogenannten Scrubbern umgerüstet, Abgasreinigungsanlagen. So dürfen die Motoren weiterhin das billigere Schweröl verbrennen, und man verstößt trotzdem nicht gegen neue, strengere Abgasnormen.

Mehr als eine Million Passagiere fahren jährlich mit der Color Magic oder der Color Fantasy ab Kiel. Liegeplatz der Schiffe ist der Norwegenkai. Ein schicker Fünf-Sterne-Terminal auf Stelzen, zur Kaimauer hin auf einer Länge von hundert Metern mit getöntem Glas verkleidet. Als er eingeweiht wurde, war Norwegens Königin Sonja Ehrengast. Jeder kann sich hier umsehen, auch wenn er keine Reise macht. Einen schönen Panoramablick hat man auf die Innenstadt, nur ein paar Minuten zu Fuß sind es über die Hörnbrücke bis zum Bahnhof. Früher lagen die Norwegen-Fähren auf der anderen Seite des Hafenbeckens am alten Oslokai, der heute Ostseekai heißt. Dort schiffen sich heute die Kreuzfahrt-Passagiere ein.

Den Color-Line-Fähren gegenüber liegen am Schwedenkai die Stena Germanica oder Stena Scandinavica. Sie setzen täglich nach Göteborg über. Vom Ostuferhafen aus starten die Linienschiffe nach Litauen und Russland. Kiel ist das »Fährhaus nach Norden«. So stand es auf einer Sonderbriefmarke der Post.

Adresse Norwegenkai, 24143 Kiel-Gaarden, Tel. 0431/7300100 | **Anfahrt** Bus 100, 200, 201, Haltestelle Norwegenkai; Fördedampfer F 1, Anlegestelle Bahnhofsbrücke | **Öffnungszeiten** des Terminals täglich 9.30 – 14.30 Uhr, Ankunft der Fähren 10 Uhr, Abfahrt der Fähren 14 Uhr | **Tipp** Hinter dem Hochhaus am Norwegenkai liegen im Germaniahafen historische Segelschiffe. Mit großer Sorgfalt werden sie gepflegt.

55 Das Arbeitslager Nordmark

578 Häftlinge haben es nicht überlebt

Die russischen Alliierten haben das Konzentrationslager Auschwitz längst befreit, da wird im »Arbeitserziehungslager Nordmark« noch täglich gemordet. Ein ehemaliger Wachmann gab vor dem Staatsanwalt zu Protokoll: »Eines Tages wurden über 60 Männer im Bunker zusammengefasst. In Gruppen zu fünf oder sechs Häftlingen wurden sie zum Leichenhaus geführt. Dort mussten sie sich ausziehen. Dann wurden sie nackt aus dem Leichenhaus geführt und gezwungen, sich mit dem Gesicht nach unten auf die Erde zu legen. Mit der Maschinenpistole wurden sie erschossen. So ging es 60 Mal.«

Das Lager ist von April 1944 bis Mai 1945 Terrorinstrument der Kieler Gestapo. Politische Häftlinge und Zwangsarbeiter, 5.000 Frauen und Männer, sind hier eingesperrt. Mindestens 578 überleben nicht. Sie werden umgebracht oder sterben an Entkräftung. Morgens um fünf werden die Gefangenen in Holzpantinen in die Stadt getrieben. Sie müssen Bunker bauen, Blindgänger entschärfen, in der Holsten-Brauerei, auf den Werften und in einer Fisch-Fabrik schuften. Ein Kieler erinnert sich: »Jeden Abend kam eine Kolonne durch unsere Straße. Sie kamen von einem Werk, in dem Jagdflugzeuge montiert wurden, und marschierten ins Lager. Hinten wurde ein Karren gezogen. Gelegentlich lag da einer unter der Plane. Totgeschlagen oder erschossen. Kam der Zug durch unsere Straße, wurde diese plötzlich menschenleer. Niemand ließ sich sehen. Einige Anwohner legten Kohlabfälle auf die Vorgartenhecken. Die Wachen sahen weg.«

Als die Briten das Lager am 4. Mai befreien, finden sie Massengräber. Die nackten Leichen, auch Jugendliche darunter, sind übereinandergehäuft. Lagerleiter Johannes Post wird 1947 wegen Mordes an Piloten der Royal Airf Force gehängt. Der Hauptbeschuldigte, der Kieler Gestapo-Chef Fritz Schmidt, wird erst 1963 verhaftet. Das Verfahren mangels Beweisen eingestellt.

DEN 578
ERMORDETEN
HÄFTLINGEN
DES
„ARBEITS-
ERZIEHUNGS-
LAGERS
NORDMARK"
1944 – 1945
ZUM
GEDENKEN

Adresse Rendsburger Landstraße, Höhe Achterwehrer Straße, 24113 Kiel-Hassee |
Anfahrt Bus 61, 62, 620, 4610, 4630, Haltestelle Strucksdiek | **Öffnungszeiten** Die
Gedenkstätte ist jederzeit zugänglich. | **Tipp** Der Fußweg führt weiter am Ufer des
Vorderen Russees entlang. Er ist beliebtes Naherholungsgebiet.

56_Die Förderterrassen

Wie Kiel die Zukunft plant

Womit kann man punkten in Kiel? Die Wasserlage ist nicht zu übertreffen. Die Förde reicht tief in die Stadt. Für die Überseefähren und die Kreuzfahrtriesen wird das auch genutzt. Nur wenige hundert Meter von der Altstadt entfernt machen sie an modernen Terminals fest. Das Hafenmanagement ist vorbildlich. Aber sonst? Die Wasserlage wird nicht wertgeschätzt. Kleinlaut, zögerlich geht man um mit diesem Pfund. Viel Land liegt brach am Ostufer der Hörn, dem Ende der Förde. Vollmundig wird dort seit vielen Jahren die Kai City Kiel als ein Jahrhundertprojekt nur angekündigt. Und am Westufer der Förde? Das Panorama-Deck des Hotels Atlantic am Hafen (siehe Seite 176), First-Class-Überblick über die Stadt, hat tagsüber geschlossen. Man hat es versucht, aber die Kieler gehen nicht hin. Undenkbar in jeder anderen Stadt.

Mit den Förderterrassen im Stadtteil Holtenau hat man neuen Anlauf genommen. Wo vor wenigen Jahren Marineflieger ihre Uniform in den Spind gehängt haben, sind in neun Blocks Wohnungen mit großartigem Blick über die Förde entstanden. Ausstattungspaket Bootsmann und Sonderwunsch Kapitän, man konnte wählen. »Ein gelungenes Konversionsprojekt«, lobte der Bürgermeister. Schöne Aussichten zum gehobenen Preis. Ein Penthouse war für 1.075.000 Euro zu haben. Immerhin mit knapp 200 Quadratmetern, aber noch ohne Stellplatz. Luxus-Konversion für vermögende Investoren, aber nur für wenige Kieler.

Nördlich davon eröffnet sich nun nach dem endgültigen Abzug der Marinehubschrauber ein weites Areal mit zwei Kilometern Wasserkante. Eine direkte Verbindung zwischen Holtenau und den Stadtteilen Pries / Friedrichsort ist geschaffen. Erste Planungen schlagen einen Hafen für Hausboote vor, neue Promenaden, viele Wohnungen und Büros, ein Hotel mit Badedeck, auch Gewerbe. Wieder eine große Chance! Wenn Kiel es diesmal gebacken bekommt. Der grüne Frosch vor den Förderterrassen nimmt Ausblick auf die Zukunft.

Adresse Strandstraße 24–40, 24159 Kiel-Holtenau | **Anfahrt** Bus 32, 91, Haltestelle Kastanienallee, von hier über den Tiessenkai vorbei am Leuchtturm Holtenau, auf der linken Seite | **Tipp** Auf dem Weg zu den Terrassen kommt man an der Lotsenversetzstation vorbei. Meist liegt ein orange leuchtendes Lotsenboot davor. Von hier aus bringt es die Lotsen direkt zu den Schiffen oder zur Basis auf dem Kieler Leuchtturm.

57__Der Hochzeitsleuchtturm

Er gilt als der schönste der Ostsee

Zwei Meerjungfrauen steigen aus den Fluten. Die linke hält eine Harpune. Um ihre Hüften hat sie ein Seil geknotet, an dem Schalentiere baumeln. Die rechte bedeckt ihre Scham flüchtig mit einem Fischernetz. Ein Seehund und mächtige Fische umspielen die Nixen. Diese geben sich die Hand. Hinter ihnen ist jeweils ein Leuchtturm zu sehen. Rechts der von Holtenau. Der zweite stand in Brunsbüttel, am anderen Ende des Nord-Ostsee-Kanals.

Das kunstvolle Bronzerelief ziert den Torbogen des Holtenauer Leuchtturms. Es symbolisiert die verbindende Wasserstraße zwischen den Meeren. Der 24 Meter hohe Turm thront an der Zufahrt zur Schleuse auf einem Hügel, der mit dem Aushubmaterial des Kanals aufgeschüttet wurde. Der Leuchtturm, mit roten Klinkern verkleidet, gilt als der schönste der Ostsee. Manche sagen, der gesamten deutschen Küste.

Im Fundament des nautischen Bauwerks sind der Grundstein des Kanals und dessen Gründungsurkunde versenkt. Auf einer Gedenktafel an der Fassade steht: »Kaiser Wilhelm II. vollzog die Weihe des Nord-Ostsee-Kanals und übergab ihn dem Weltverkehr am 21. Juni 1895«. Ganz so völkerverständigend friedlich war die Idee dahinter nicht. Der Kanal hatte vor allem militärstrategische Bedeutung. Jetzt ließ sich die kaiserliche Flotte in kurzer Zeit von der Ostsee in die Nordsee verlegen.

Kaiser Wilhelm II., der mit dem Kanal auch den Leuchtturm eingeweiht hatte, ist in dessen achteckigem Innenraum verewigt. Wie sein Großvater Wilhelm I., der noch den Grundstein gelegt hatte. Wie dessen Sohn Friedrich III., der nur 99 Tage deutscher Kaiser war. In dieser »Drei-Kaiser-Halle«, sonst verschlossen, können Brautpaare sich trauen lassen. Die Stadt arrangiert das. Ganz billig ist eine solche Kaiser-Hochzeit an historischem Orte nicht. Aber dafür ist für jeden der maximal zehn zugelassenen Gäste ein Gläschen Sekt in der Gebühr schon mit drin.

Adresse Tiessenkai, 24159 Kiel-Holtenau, Tel. 0431/6791013 (Kiel-Marketing) | **Anfahrt** Bus 32, 91, Haltestelle Kastanienallee, von hier über den Tiessenkai geradeaus | **Öffnungs-zeiten** Die Drei-Kaiser-Halle ist auch von außen durch die verglaste Tür einzusehen. | **Tipp** Vom Biergarten aus vor dem nahen Lokal »Luzifer im Fördeblick« kann man den Schiffsverkehr an der Schleuse gut beobachten.

58 Der Kiel Canal

Die am meisten befahrene künstliche Wasserstraße

Der Kapellmeister kommt nur kurz ins Schwitzen. Als der Nord-Ost-see-Kanal 1895 mit einer Prunk-Parade von Brunsbüttel nach Kiel eröffnet wird, führt die kaiserliche Yacht »Hohenzollern« die Flotte aus 14 Nationen an. An der Böschung steht eine Kapelle und soll jedes Schiff mit der Nationalhymne seines Herkunftslandes begrüßen. Da kommt die »Fuad« aus der Türkei. Aber die Musiker haben die Noten der türkischen Hymne nicht. Ideen muss man haben: Unerschrocken lässt der Kapellmeister das Schlaflied »Guter Mond, du gehst so stille« anstimmen. Die Mannschaft der »Fuad« bleibt vom Pech verfolgt. Einer ihrer Offiziere stirbt während der Feierlichkeiten. Auf dem christlichen Friedhof von Kiel-Friedrichsort setzt man ihn nach islamischem Ritus bei.

Durch den Kiel Canal, wie er unter Seeleuten heißt, fahren mehr Schiffe als durch den Panamakanal oder den Sueskanal. Er ist die am meisten befahrene künstliche Wasserstraße der Welt. Radler können die 98 Kilometer über einen Betonplattenweg am Ufer oder Radwanderwege abfahren. Ganz nah an den Ozeanriesen, auf denen sich Container haushoch stapeln. Die »NOK-Route« ist gut ausgeschildert.

Mehr als 8.000 Arbeiter aus Deutschland, Italien, Polen und Russland haben den Kanal acht Jahre lang gegraben. 3,50 Mark Tagelohn bekamen sie, davon wurden 55 Pfennige für Essen und Kaffee abgezogen. Sieben bis neun Stunden dauert die Passage. Bis zu 9.000 Euro kostet die Maut. Wenn der Kiel Canal gesperrt ist, müssen die Schiffe die Route um die Nordspitze Jütlands nehmen. Reedereien haben dafür 70.000 Euro Mehrkosten errechnet. Weil die Schiffe größer werden, muss ausgebaut werden. Auf 20 Kilometern ab Kiel wird der Kanal begradigt und breiter, auf ganzer Länge soll er tiefer werden. Zehn Jahre wird das voraussichtlich dauern. Für die größte Wasserbaustelle Deutschlands ist eine Dreiviertelmilliarde Euro verplant. Niemand weiß, ob das reichen wird.

Adresse Kanalstraße (Start NOK-Route), 24159 Kiel-Holtenau, Tel. 04331/6963844 (Touristische Arbeitsgemeinschaft Nord-Ostsee-Kanal) | **Anfahrt** mit dem Pkw auf der B 503, Abfahrt Holtenau, von der Richthofenstraße rechts in die Apenrader Straße; schöne Aussicht auf den Kanal von der Hochbrücke Levensau | **Tipp** Zwischen der Prinz-Heinrich-Hochbrücke und der Hochbrücke Levensau liegt am Nordufer des Kanals das klassizistische Herrenhaus Gut Knoop (Führungen auf Anfrage, Knooper Landstraße, 24161 Altenholz, Tel. 0431/3649648).

59_Die Meeresfarm

Nachhaltige Muschelzucht und Algenkosmetik

Kurz nach Sonnenaufgang beginnt für Tim Staufenberger die Arbeit. Dann fährt der Meeresbiologe im wasserfesten Overall mit seinen zwei Erntehelfern auf dem Muschelkutter »Pontylus« hinaus zu seiner Farm. Gelbe Warntonnen markieren die 100 mal 70 Meter große Wasserfläche in der Förde. Vorsichtig manövriert Staufenberger sein Schiffchen an den Meeresacker. Was er hier anbaut, gedeiht im Verborgenen. Unter Wasser. Viel Seegang darf nicht sein, die »Pontylus« hat nicht einmal eine richtige Reling, ist eher eine Plattform. Mit einem Kran, der die von Schwimmkörpern gehaltenen Leinen aus dem Wasser hebt. An ihnen hängen die sogenannten Muschelsocken. Jetzt kann geerntet werden. Nur die sechs Zentimeter großen Miesmuscheln kommen in den Verkauf, die kleineren verschwinden wieder im Socken für die nächste Saison.

September bis Ende April ist für den Fördefarmer Entezeit. Zuletzt war sie kürzer. Weil die Kunden ihm die Muscheln praktisch aus den Körben reißen. Die Nachfrage ist höher, als er sie bedienen kann. Tim Staufenberger würde seinen Acker gern erweitern. »Langfristig wäre es toll, wenn nicht nur Menschen aus der Region, sondern auch Münchner meine Kieler Muscheln essen könnten.« Der Muschelbauer hat eine Tradition wiederbelebt. Vor dem alten Dorf Ellerbek, heute Stadtteil Kiels, haben Fischer die Muscheln vor 120 Jahren an Pfählen gezüchtet. Irgendwann war Schluss. Staufenbergers Farm ist die einzige der deutschen Ostsee. Seine Muscheln haben eine dünnere Schale als die Nordsee-Muscheln, daher bekommt der Kunde mehr Muschelfleisch für den Kilopreis. Dieser darf dafür – und weil nachhaltig produziert wird – etwas höher sein.

Auch Laminaria-Algen kultiviert Tim Staufenberger auf seiner Farm. Algen und Muscheln bereichern sich. Der Kosmetikhersteller Oceanwell verarbeitet die Algen, zusammen mit Meerwasser und Quallen. Besonders empfohlen werden die Produkte Neurodermitikern.

Adresse Tiessenkai 12, 24159 Kiel-Holtenau, Tel. 0431/77564527 | **Anfahrt** Bus 32, 91, Haltestelle Kastanienallee, von hier über den Tiessenkai, an den Förderterrassen und dem Tonnenhof vorbei einen Kilometer bis zum ehemaligen Gelände des Marineflieger-geschwaders | **Öffnungszeiten** Verkauf am Tiessenkai in der Saison Mo, Do 17–18 Uhr, Sa 14–15 Uhr. Das Farmareal ist vom Wasser aus gut bei einer Förderundfahrt zu sehen. | **Tipp** Wirt Alexander Stieler vom Schiffercafé (siehe Seite 132) am Tiessenkai gart die Muscheln frisch vom Kutter in feinem Weißweinsud.

60__Das Meteoriten-Haus
Diese Sternschnuppe ist nicht verglüht

Was für ein Rums! Landwirt Karl Eschmat und sein Helfer sitzen gerade beim Mittagessen, als es knallt. »Ein Auto, wahrscheinlich der Auspuff«, sagt Karl Eschmat. Die Uhrzeit merkt er sich: 13.45 Uhr, es ist der 26. April 1962. Die beiden denken sich nichts weiter dabei. Erst am späten Nachmittag, als der Bauer vom Melken auf der Weide zurückkommt, entdeckt er das Loch im Blechdach seines Hauses am Friedrichsruher Weg: Zehn Zentimeter ist es groß, gleich unterhalb des Firstes.

Am nächsten Tag steigt Karl Eschmat auf den Dachboden, um nachzusehen. Er entdeckt einen faustgroßen schwarzen Brocken, der das Blechdach und eine Dachlatte durchschlagen hat. Ein Stein, der vom Himmel fällt? Das kann nur ein Meteorit sein, denkt sich der Landwirt. Er ruft die Polizei. Die informiert das Geologische Landesamt Schleswig-Holstein. Von nun an übernehmen die Wissenschaftler.

Man bringt den Klumpen ins Mineralogisch-Petrologische Institut der Universität Kiel. Er wird gewendet, gedreht, fotografiert, dann in Stücke zersägt. Die Forscher stemmen Spuren heraus, legen sie unters Mikroskop, in Chemikalien, analysieren. Proben werden an die Max-Planck-Institute in Mainz und Heidelberg, an die Universitäten in Köln und Bern und an Kollegen der Purdue-University in Indiana in den USA geschickt. Am Ende weiß man: Der Brocken ist etwa viereinhalb Milliarden Jahre alt, Urmaterie aus der Zeit der Bildung unseres Sonnensystems. Er enthält sogenannte Chondren, Kondensate, die auf der Erde nicht bekannt sind. Man vermutet, dass er einem Asteroiden-Gürtel entkommen ist. Man kennt sie als Sternschnuppen. Aus Südwest soll der Kieler Klumpen herangeschossen sein. An seiner Oberfläche erkannten die Wissenschaftler eine ein Millimeter dünne Schmelzkruste, die beim Eintritt in die Erdatmosphäre entstanden sein muss. Er ist der einzige Meteorit, der je in Schleswig-Holstein entdeckt worden ist.

Adresse Friedrichsruher Weg 111, 24159 Kiel-Holtenau | **Anfahrt** mit dem Pkw von der B 503 auf die Fördestraße Richtung Schilksee / Pries, nach 1,2 Kilometern links in die Straße Dorf, am Friedrich-Karl-Gotsch-Platz links in die Straße Dorf / Friedrichsruher Weg, nach der Unterquerung der Fördestraße auf der rechten Seite | **Öffnungszeiten** Das Haus wird privat bewohnt. | **Tipp** 738 Gramm hat der Meteorit gewogen. Die Hälfte davon ist im Mineralogischen Museum der Universität, Ludewig-Meyn-Straße 12, zu sehen (Öffnungszeiten: Mo – Do 8.30 – 16 Uhr, Fr 8.30 – 14 Uhr).

61__Der Schießstand

Hitlers Helfer ermordeten hier Soldaten

Jedes Detail war geregelt im »Merkblatt für die Vollstreckung von Todesstrafen«. Auf dem Schießstand, der damals im Stadtteil Holtenau lag, »wird vor dem Kugelfang ein Pfahl in die Erde eingelassen. Bei dem Pfahl Strick zum Anbinden. Sarg in der Nähe. Stroh im Sarg wegen des Blutes.« Das »reichseigene Schuhwerk« war »dem Verurteilten auszuziehen und erneut zu verwenden«. Der Kieler Journalist Karl Rickers, der 1941 den Schießplatz besuchte, schrieb: »Zum Abschluss des Schießens wurde uns ein abseits stehender Pfahl gezeigt, der vielfach durchlöchert war. Es war der Pfahl, an den zum Tode verurteilte Soldaten gebunden und erschossen wurden.«

Hitlers Helfer sollen hier Hunderte Marinesoldaten hingerichtet haben. Wegen »Fahnenflucht«, »Wehrkraftzersetzung«, »unerlaubter Entfernung von der Truppe«. Am frühen Morgen des 12. Mai 1944 haben sie auch den U-Boot-Kommandanten Oskar Kusch an den Pfosten gefesselt, er ist erst 26 Jahre alt. Zehn Gewehre zielen auf den Offizier. Dann die Salven. Seiner Familie wird verboten, eine Todesanzeige aufzugeben.

Was hatte er verbrochen? Er war doch ein hochdekorierter Soldat, hatte drei Schiffe versenkt. Aber Oskar Kusch war keiner, der sich duckte. Im Streit mit seinen Offizieren zweifelte er an diesem Krieg, verurteilte den Massenmord an den Juden. Er befahl, das Führer-Bild in seinem U-Boot abzuhängen: »Wir betreiben hier keinen Götzendienst!« Er machte Witze: »Was haben das deutsche Volk und ein Bandwurm gemeinsam? Sie sind beide von brauner Masse umgeben und in Gefahr, abgeführt zu werden.« Ein Offizier denunzierte ihn.

Der Marine-Staatsanwalt forderte zehneinhalb Jahre Haft. Gnadenlos-Richter Karl-Heinrich Hagemann verhängte die Todesstrafe. Deswegen selbst angeklagt, wurde er 1950 freigesprochen. An Oskar Kusch erinnert ein Gedenkstein vor dem Gelände des Schießstandes, das heute zur Gemeinde Altenholz gehört.

Adresse Oskar-Kusch-Straße, 24159 Kiel-Holtenau, 24161 Holtenau-Altenholz | **Anfahrt** Bus 32, 91, Haltestelle Gravensteiner Straße, über Kanalstraße und Friedrich-Voß-Ufer Richtung Westen, rechts in die Oskar-Kusch-Straße; mit dem Pkw auf der B 76 Richtung Eckernförde, Abfahrt Holtenau, scharf rechts in die Oskar-Kusch-Straße, unter der Hochbrücke hindurch, dann links, nach 700 Metern auf der rechten Seite | **Tipp** In Sichtweite steht die Villa Hoheneck. Ein Fußweg führt hinunter zum Wanderweg am Nord-Ostsee-Kanal.

62 Das Schiffercafé

Wo Kapitäne einkauften, wird heute Tango getanzt

Der Tiessenkai ist ein Ort, wo die Gedanken auf Reisen gehen. Wenn man sich einlässt. Die Terrasse des Schiffercafés ist dafür der beste Platz. Tangomusik oder Seemannslieder dringen aus dem Gastraum nach draußen bis zum Kopfsteinpflaster an der Pier. Stolze Traditionssegler machen hier fest. Dreimaster, die schon seit hundert Jahren durch die Meere pflügen. Rechts schiebt sich ein Tanker in die Schleusenkammer des Nord-Ostsee-Kanals. Nach 98 Kilometern Passage wird sich für ihn das Tor öffnen für seine Reise über den Ozean. Aus der zweiten Kammer schwenkt in einer Linkskurve ein Containerschiff auf seine Route über die Baltische See. Man sieht ihm lange nach bis zum Horizont.

»Hermann Tiessen Schiffsausrüstungen« steht über den Panoramafenstern des Schiffercafés. In den 30er Jahren des vergangenen Jahrhunderts hat es mehr als ein Dutzend Schiffsausrüster in Holtenau, in der Nähe der Schleusen, gegeben. Hermann und Günter Tiessen, die ihren Tante-Emma-Laden für Seeleute 78 Jahre führten, waren die erste Adresse. Pinsel, Bürsten, Schäkel, Arbeitshandschuhe hingen über dem Verkaufstresen. In den Regalen stapelten sich Kakao, Tütensuppen, Reis. In Körben lagen Kohlköpfe und Porree. Was man an Bord brauchte, hatten die Tiessens. Oder besorgten es. Einmal fragte ein Kapitän nach einem Klavier. Er bekam es. Ein anderer wollte eine Tischtennisplatte. Sie stand schon da, als das Schiff ankam. Das sind die Geschichten, die man von den Tiessens erzählt.

Ihr Kontorhaus mit der roten Fassade steht unter Denkmalschutz. Drinnen ist das grüne Wandregal mit den vielen Schubladen erhalten geblieben. Eine barbusige Galionsfigur protzt neben der Tür. Unter der Decke hängen Petroleumlampen, Anker, Beschläge. Tiessens Laden ist jetzt das Schiffercafé, erste Adresse für Tango-Tänzer. Die Musik vom Rio de la Plata, auch sie hat mit der großen Sehnsucht zu tun.

Adresse Tiessenkai 9, 24159 Kiel-Holtenau, Tel. 0431/9089676 | **Anfahrt** Bus 32, 91, Haltestelle Kastanienallee, von hier 400 Meter am Ufer entlang Richtung Nordosten; Fördedampfer bei Hafenrundfahrt, Mai – Okt. Sa – So, Fahrplan unter www.sfk-kiel.de | **Öffnungszeiten** Anfang April – Mitte Okt. täglich 10 Uhr bis mindestens zum Sonnen-untergang, Mitte Okt. – Ende März Di – So 10 – 18 Uhr, Tango So ab 16 Uhr | **Tipp** Der lang gestreckte Backsteinbau am Tiessenkai war früher Pack- und Lagerhaus. Heute wird er für Büros und Wohnungen genutzt. Der Obelisk davor mit goldener Krone markierte die Einfahrt in den Eiderkanal.

63 Der Schuhkarton

In ihm geht's kostenlos über den Nord-Ostsee-Kanal

Drei Minuten hin und drei Minuten zurück. Drei Minuten nach Norden und drei Minuten nach Süden. Manche machen sich einen Spaß daraus, wieder und wieder mit der kleinen Fähre »Adler 1« über den Nord-Ostsee-Kanal zu schippern. Fast auf Armeslänge kommt man den hochhausgroßen Containerschiffen nah, die sich Zentimeter um Zentimeter in die Schleusenkammern schieben. Man kann die Stahlgiganten riechen. Noch einmal rüber!

Jede Viertelstunde legt die »Adler 1« an einem der beiden Ufer ab. Drei Minuten dauert die rasante Fahrt 255 Meter über den Kanal. Die Fähre ist wichtige Pendler-Verbindung zwischen den Stadtteilen Holtenau und Wik. Autofahrer müssen weiter westlich die Prinz-Heinrich-Brücke nehmen. Die kleine »Adler 1«, nur 14 Meter lang und keine fünf Meter breit, ist Fußgängern und Radfahrern vorbehalten. Weil das grün-weiß gestrichene Schiffchen so kantig ist, wird es Schuhkarton genannt. Die Kiste hat rechnerisch schon ein paarmal die Welt umrundet. Am Wiker Ufer steigt man am knallroten Fährhäuschen zu. Wie an allen Fähranlegern am Nord-Ostsee-Kanal ist das Übersetzen gebührenfrei. Früher floss hier die Levensau, eine Brücke über das Flüsschen verband Holtenau mit Wik. Dann stimmte Kaiser Wilhelm I. im vorletzten Jahrhundert zu, zwischen Kiel und Brunsbüttel den Nord-Ostsee-Kanal zu bauen. Das Deutsche Reich versicherte, dass alle Querungen der breiten Wasserstraße – Brücken, Tunnel, Fähren – für immer kostenlos zu nutzen seien. Mit dieser kaiserlichen Zusage wollte man sich die Zustimmung der Bevölkerung zu diesem gigantischen Bauprojekt erkaufen, das fortan das Land in nördlich und südlich des Kanals teilte. Das Versprechen galt dann zunächst nur bis 1925. Danach kostete die einfache Fahrt für Erwachsene anderthalb Pfennige, später fünf Pfennige, am Ende einen Groschen. Seit 1976 gilt das alte Recht wieder. Mit Steuergeldern bleibt das Schaukeln im Schuhkarton kostenlos.

Adresse Fähranleger in Holtenau: Kanalstraße, Höhe Haus Nummer 17, 24159 Kiel-Holtenau. Fähranleger in Wik: Uferstraße Ecke Schleusenstraße, 24106 Kiel-Wik | **Anfahrt** nach Holtenau: Bus 91/92, Haltestelle Schleuse; nach Wik: Bus 11, Haltestelle Wik/Kanal | **Öffnungszeiten** Fährbetriebszeiten April–Sept. Mo–Fr 6.30–22 Uhr, Sa–So 9.30–22 Uhr, Okt.–März Mo–Fr 6.30–20.30 Uhr, Sa–So 9.30–20.30 Uhr | **Tipp** Vom Fährhäuschen in Wik aus führt ein Fußweg die Böschung an der Uferstraße hinauf. Oben steht im Schleusenpark der Wiker Balkon, eine großzügige Aussichtsplattform.

64___ Die Seebadeanstalt

Bürger haben sie vor dem Verfall gerettet

Auf alten Fotos ist es schön zu sehen: Frauen und Männer waren schicklich voneinander getrennt. Sich bloß nicht zu nahe kommen beim Planschen im Wasser! Nicht einmal in Sichtweite sollten die Badenden sein. Eine fünf Meter hohe, hölzerne Wand, die weit in die Förde ragte, trennte die Schwimmbereiche. Die Frauen links, die Männer rechts, vom Land aus betrachtet.

Von vielen Seebadeanstalten, die Kiel einmal hatte, sind nur die im Stadtteil Düsternbrook und diese in Holtenau erhalten. 1907 wurde sie eröffnet. Anfangs blieb sie den »feineren Leuten« vorbehalten. Die anderen badeten einfach am Strand, der aber immer schmaler wurde. Im Laufe der Jahre wurde ausgebaut. Die Seitenflügel des u-förmigen Grundrisses der Badeanstalt reichten nun 75 Meter weit ins Wasser. Eine Rutsche und ein Zehn-Meter-Sprungturm sorgten für Vergnügen. Zur weiteren Ertüchtigung standen Barren und Reck zur Verfügung. Betreiber Peter Heinrich Rober hat hier unzähligen Kindern und Erwachsenen das Schwimmen beigebracht. Er selbst konnte gar nicht schwimmen.

Nach dem Zweiten Weltkrieg hat der Turn- und Sportverein Holtenau die Anstalt in deutlich kleinerer Version neu aufgebaut. Was von ihr übrig geblieben war, hatte zuvor die Militärverwaltung einreißen lassen. Die Stadt kaufte die Anlage. Investiert wurde aber nicht, Stege und Umkleidekabinen verfielen. Wegen baulicher Mängel war 1992 Schluss mit dem Baden. Lange gammelte die Anlage vor sich hin. Die Stadt hätte sie plattgemacht, wenn nicht engagierte Bürger Holtenaus sie gerettet hätten. Mit der Lighthouse Foundation fanden sie eine Stiftung, die eine halbe Million Euro in Ankauf und Sanierung steckte. Unterstützer taten sich im Kreis »Freunde der Seebadeanstalt« zusammen. 2012 wurde sie neu eröffnet. Drei Monate lang im Sommer hat jeder Zutritt. Eintritt frei! Für die übrige Jahreszeit werden hundert Schlüssel gegen Gebühr verlost.

Adresse Holtenauer Reede, 24159 Kiel-Holtenau, Tel. 0431/6684680 (Büro Lighthouse Foundation) | **Anfahrt** Bus 32, 91, Haltestelle Kastanienallee, über den Tiessenkai vorbei am Leuchtturm und weiter geradeaus | **Öffnungszeiten** Juni–Aug. 14–19 Uhr | **Tipp** Geht man vom Tiessenkai nach Westen, erreicht man die Kanalstraße, Europas nördlichste Platanen-Allee. Man erzählt, Japans Kaiser Yoshihito habe die Bäume zur Eröffnung des Nord-Ostsee-Kanals gespendet. Das ist historisch aber nicht belegt. Vielleicht war Prinz Fushimi Hiroyasu, ein Verwandter, der noble Stifter. Er hat bis 1895 an der Kieler Militärakademie studiert.

65__Der Tonnenhof

Werkstatt für die Verkehrsschilder der Ostsee

Achtung, Problemzone! Die gelb leuchtenden Seezeichen markieren eine Gefahrenstelle. Etwa ein Unterwasserkabel, das am Meeresgrund liegt. Für Kapitäne großer Schiffe heißt die Warnung: Hier dürfen sie auf keinen Fall auf Reede gehen. Zu groß ist das Risiko, dass sie beim Hieven des Ankers, wenn dessen Flunken, die Schaufeln, über den Meeresboden schrappen, das Kabel erwischen. Der Schaden wäre riesig.

Erst wenn sie an Land liegen, erkennt man, wie groß sie sind: acht, zehn, zwölf Meter lang oder hoch und mehr. Die Seezeichen sind die Verkehrsschilder der Meere. Gelbe, blaue, weiße. Einfarbige und zweifarbige. Die grünen und roten kennzeichnen Fahrrinnen. Tonnen werden sie auch genannt. Spierentonnen, Bakentonnen, Stumpftonnen, Spitztonnen. Wie sie so daliegen, sind sie ein gewaltiges farbiges Spektakel.

Das mächtigste der Schifffahrtszeichen, die Frank Lööck und seine 90 Mitarbeiter vom Holtenauer Tonnenhof aus betreuen, ist die rot-weiße Großtonne K 06. Sie hat einen Durchmesser von annähernd zwölf Metern, ist so schwer wie 14 afrikanische Elefanten. Die Tonne ist Orientierungspunkt in der Mecklenburger Bucht und Plattform für meteorologische und ozeanografische Messungen. 600 Seetonnen auf einem 216 Kilometer breiten Küstenabschnitt von der deutsch-dänischen Grenze bis zur Wismar-Bucht, Teil der Mecklenburger Bucht, werden von Kiel aus gewartet. Außerdem die Tonnen im Nord-Ostsee-Kanal bis Rendsburg und auf 42 Kilometern der Wasserstraße Schlei. Viele der Seezeichen sind Leuchttonnen, neun Meter hoch, mit Solarzellen betrieben. Alle fünf bis sechs Jahre hebt das Team von Frank Lööck sie aus dem Wasser. Im Tonnenhof werden sie entrostet, wenn nötig, wird geschweißt. Dann bekommen die Tonnen einen leuchtenden Anstrich. Die »Scharhörn«, ein bulliger Tonnenleger – so nennt man ein Schiff, das die Tonnen setzt –, bringt sie dann im Meer erneut in Position.

Adresse Holtenauer Reede 40, 24159 Kiel-Holtenau, Tel. 0431/36030 | **Anfahrt** Bus 32, 91, Haltestelle Kastanienallee, von hier 800 Meter am Ufer entlang Richtung Nordosten | **Öffnungszeiten** Der Tonnenhof ist ganzjährig von außen einzusehen. | **Tipp** Noch eine Werkstatt: Beim »Bootsmann«, Tiessenkai 12, gibt's trendige Taschen aus Segeltuch und Lkw-Planen. Man kann das Design selbst gestalten (Tel. 0431/6672530).

66 Der verlassene Flughafen

Linienmaschinen landen nicht in Kiel

Eine Landeshauptstadt, die keinen richtigen Flughafen hat. Das gibt es in Mainz und Wiesbaden, beide sind 40 Kilometer von Frankfurt am Main entfernt. Das gibt es in Schwerin, nur internationale Frachtflüge werden dort abgewickelt. Und das ist so in Kiel! Die Metropole Schleswig-Holsteins hat einen Verkehrslandeplatz, der von der für den Seehafen zuständigen Gesellschaft Port of Kiel betrieben wird. Der Luftsportverein mit seinen Cessna-Hüpfern ist hier zu Hause. Die Akademische Fliegergruppe der Christian-Albrechts-Universität übt sich im Segelflug mit bestem Überblick auf strahlend gelbe Rapsfelder an der Förde. Hobby-Fallschirmspringer treffen sich. Ambulanzflüge und Organtransporte sind erlaubt.

Die lange, breite Start- und Landebahn, von der die Flieger nach Berlin, Köln, Frankfurt, München, Kopenhagen und Riga im Linienverkehr abgehoben haben – sie hat schon lange kein richtiges Passagierflugzeug mehr gesehen. 2012 ist endgültig Ruhe eingekehrt auf dem Airport. Auch die Marineflieger mit ihren Sea-King-Hubschraubern sind abgezogen.

Der Flughafen, dessen Piste man auf dem aufgeschütteten Aushub des Nord-Ostsee-Kanals angelegt hatte, wurde immer zivil und militärisch genutzt. Im Zweiten Weltkrieg starteten von Holtenau aus Angriffe gegen Norwegen und Dänemark. Bei Kriegsende landeten über 300 Flugzeuge auf der Flucht vor russischen Truppen. Anfang dieses Jahrtausends diskutierte man darüber, mit einer Verlängerung der Start- und Landebahn für Großraumjets den Flughafen endlich wirtschaftlich erfolgreich zu machen. 2006 war aber Schluss für den Airport als Verkehrsflughafen. Die Abfertigungshalle ist verwaist. Airpark nennt man das Gelände jetzt und debattiert seit Jahren, ob man nicht doch ein Rollfeld für die Wirtschaft braucht oder Wohnungen dort besser wären. Nur das Flughafen-Restaurant hat jeden Tag geöffnet. Mit schönem Blick auf eine freie Landebahn.

Adresse Boelckestraße 100, 24159 Kiel-Holtenau, Tel. 0431/329190 | **Anfahrt** Bus 91, 501, 502, 701, Haltestelle Flughafen Kiel; mit dem Pkw von der B 503 der Beschilderung Flughafen folgen, Richtung Kiel-Friedrichsort, nach 200 Metern auf der rechten Seite | **Öffnungszeiten** Flughafenrestaurant: Mo–Fr 11.30–15 und 17.30–22.30 Uhr, Sa–So 11.30–22.30 Uhr | **Tipp** Zurück auf die B 503 Richtung Süden. Von der Prinz-Heinrich-Brücke hat man einen guten Blick auf den Nord-Ostsee-Kanal und die Schleusen (Parkplatz auf der Ostseite).

67__Die Klappt-doch-Brücke

Kommt ein Schiff, wird sie zusammengefaltet

Vorbilder gab's keine, Probleme genug. Weil die Dreifeldzugklappbrücke über die Hörn, welche den Bahnhofsvorplatz mit dem Stadtteil Gaarden verbindet, immer mal wieder nicht richtig funktionierte, haben die Kieler sie anfangs »Klappt-nix-Brücke« genannt.
Technisch ist die Brücke weltweit ein Unikum, ihr Betrieb hat sich
mittlerweile bewährt. »Dreifaltigkeitsbrücke« sagt man nun auch
oder einfach nur »Hörnbrücke«. Die Kieler haben sich geduldig an
Hermann Hesse gehalten: »Und jedem Anfang wohnt ein Zauber
inne, der uns beschützt und der uns hilft zu leben.« Stolz sind sie
heute auf ihre Brücke. Sie hat das Zeug, Wahrzeichen der Stadt zu
werden.

Die einzigartige Konstruktion ist gebaut nach Plänen des Ham-
burger Stararchitekten Volkwin Marg und seiner Kollegen in einem Stuttgarter Ingenieurbüro. Doppelt so teuer wie konkurrieren-
de Entwürfe war ihr Vorhaben, aber hier hat sich der Stadtrat mal
etwas getraut. Die Fußgänger- und Radfahrerbrücke ist deshalb so
originell, weil sie nicht wie üblich nach oben aufklappt, wenn Fördedampfer und Segler sie passieren wollen. Stattdessen werden die
drei Brückenfelder der Klappt-doch-Brücke horizontal zusammengefaltet.

Volkwin Margs Vision – er hat auch den Berliner Bahnhof, die
Hafencity in Hamburg und zwei der zehn Fußballarenen der Welt-
meisterschaft in Südafrika entworfen – ist heute eine der Attraktionen der Stadt. Anfangs war sie nur peinlich. Im August 1997 sollte sie
fertig sein, damit Königin Sonja von Norwegen nicht um die ganze
Hörn gefahren werden musste, um auf dem Ostufer den neuen Nor-
wegen-Terminal einzuweihen. Weil der Termin aber nicht zu halten
war, wurde auf die Schnelle als Ersatz eine hydraulisch betriebene
Schubbrücke gebaut. Kein rausgeworfenes Geld, denn zweimal im
Jahr muss die Dreifeldzugklappbrücke aufwendig gewartet werden.
In dieser Zeit klappt wieder nix.

Adresse Hörn, 24114 Kiel-Hörn | **Anfahrt** zu Fuß über den Bahnhofsplatz und den Platz der Matrosen geradeaus | **Öffnungszeiten** Wird die Brücke geöffnet, müssen Fußgänger und Radfahrer eine Viertelstunde warten. | **Tipp** Jazz-Sessions und Improvisationstheater gibt es auf der Blauen Bühne im Musik-Café »Blauer Engel« am Brückenaufgang.

68__Das Afrikaviertel

Die Straßen hat man nach Kolonialisten benannt

Meist fragen die Menschen ja nicht, was hinter den Namen der Straßen steckt, an denen sie wohnen. In diesem Fall hat man es doch getan. Man hätte nun aber schlecht ein zusätzliches Schild anbringen können, wie es manchmal üblich ist bei Straßen, die nach Personen benannt sind. Wann sie gelebt haben, steht dann darauf und oft auch, welche Wohltat sie vollbrachten. Was hätte man unter Carl-Peters-Straße schreiben sollen? »1856–1918, Hänge-Peters genannt«? Den Beinamen bekam er, weil er Einheimische schnell am nächsten Baum aufknüpfen ließ. Carl Peters gilt als brutaler Eroberer der Kolonie Deutsch-Ostafrika, das Gebiet umfasste die heutigen Staaten Tansania, Burundi, Ruanda und einen Teil von Mosambik. Die Ländereien ergaunerte Peters, indem er Stammeshäuptlinge betrunken machte und ihnen Verträge auf Deutsch vorlas, die diese mit einem Kreuz unterzeichneten. Was folgte, war Ausbeutung.

Sicher war Peters der Schlimmste im Kreis der Verdächtigen, nach denen einige Straßen im Afrikaviertel im Stadtteil Neumühlen-Dietrichsdorf benannt sind. Die Nazis haben die Kolonialisten so als »Afrikaforscher« geehrt. Rassist Peters etwa sei ein Mann gewesen, der »den Gedankengängen des Dritten Reichs bereits vor 50 Jahren« nahestand. Es ist noch nicht lange her, dass man die Straße umbenannt hat. Jetzt heißt sie Albert-Schweitzer-Weg. Der Lepra-Arzt hat etwa zur selben Zeit auch in Afrika tatsächlich viel Gutes getan.

Kiel hat beschlossen, dass der Charakter der Siedlung mit ihren zwei- bis fünfgeschossigen Backsteinblöcken und Innenhöfen baulich nicht verändert werden darf. Das Viertel stehe für den »späten Typ des Werkswohnungsbaus zwischen den Weltkriegen«. Die Menschen dort leben an der Wißmannstraße, an der Nachtigalstraße, an der Woermannstraße oder der Lüderitzstraße – nach Männern benannt, die in die schreckliche und oft blutige deutsche Kolonialpolitik verstrickt waren.

Adresse Albert-Schweitzer-Weg, Lüderitzstraße, Wißmannstraße, Woermannstraße, Nachtigalstraße, 24149 Kiel-Neumühlen-Dietrichsdorf | **Anfahrt** Bus 100, 101, 705, Haltestelle Lüderitzstraße | **Tipp** Den alten Wasserturm auf dem Hügel gegenüber hat der Maler Reimer Riedinger mit Motiven von Traditionsseglern verschönert.

69___ Der Mediendom

Spektakuläre 360-Grad-Multimedia-Projektionen

In Sekunden von Kiel aus in den Regenwald oder durchs Weltall reisen. Sich dort von einer Mars-Sonde überrollen lassen, auf dem Planeten Achterbahn fahren. Oder als fliegender Beobachter die raffinierten Formen einer Orchideenblüte von innen erkunden. Im Mediendom der Fachhochschule Kiel ist das möglich. Im Kuppelsaal nimmt der Besucher auf einem der 64 Sessel Platz, fährt diesen in Liegestuhl-Position, schaut staunend nach oben. Bei einer der 360-Grad-Projektionen taucht er tief ein in faszinierende Gefühls- und Erlebniswelten. Lässt sich berauschen von Klangteppichen. Fulldome-Präsentationen werden solche Kinodarbietungen genannt. Die aus Kiel gehören international zu den besten.

Dort, wo am Ostufer das Flüsschen Schwentine in die Förde mündet, hat man um die Millenniumswende den Campus der Fachhochschule gebaut. Der Mediendom ist sein Leuchtturm. Im Forschungslabor mit hochwertiger Illusionstechnik entwickeln Professoren und Studenten beeindruckende Multimedia-Produktionen. Gleichzeitig hat man den Kuppelsaal für Publikum zugänglich gemacht. »Einsteigen, abheben, Spaß haben, lernen.« Das ist das Motto. Unter der Kuppel verschmilzt wissenschaftliche Präzision mit großer Unterhaltung. Neben den Erlebnisreisen werden kraftvolle Bilderwelten zur Musik von Pink Floyd, Queen oder U2 inszeniert. Zusammen mit Wohlfahrtsverbänden hat man ein eigenes Format für demente Menschen entwickelt. Die Informationsdichte ist dann reduziert, die Musik einfühlsam.

Präsentationen, die im Mediendom entwickelt wurden, werden an mehr als 30 Spielorten in Deutschland und im Ausland gezeigt. Die Produktion »Augen im All – Vorstoß ins unsichtbare Universum«, die im Auftrag der Europäischen Weltraumagentur entstanden ist, wurde in 15 Sprachen übersetzt. »2050 – Flug in die Zukunft« zeigt futuristische Konzepte für den Luftverkehr. Die Illusionsfilme aus Kiel gewinnen viele Preise.

Adresse Sokratesplatz 6, 24149 Kiel-Neumühlen-Dietrichsdorf, Tel. 0431/2101741 (Service-Telefon: Di–Fr 9–11 Uhr, Di 15–17 Uhr) | **Anfahrt** Bus 11, Haltestelle Fachhochschule; Fördedampfer F 2, Anlegestelle Dietrichsdorf, Fahrplan unter www.sfk-kiel.de | **Öffnungszeiten** Programm unter www.mediendom.de | **Tipp** Um die Ecke ist in einem alten Hochbunker das Computermuseum der Fachhochschule untergebracht. Es zeigt die rasante Entwicklung von den ersten Rechenmaschinen, groß wie Schränke, bis zum Smartphone.

70__Der U-Boot-Bunker Kilian

Fünf Tote sind unter Beton begraben

Berge von rostigem Stahl türmen sich im Ostuferhafen. Kräne verfrachten Industrieschrott auf Schiffe, Autos werden recycelt, alte Yachten entsorgt. Nebenan rollen endlos Sattelschlepper auf die Fähren nach Osteuropa. Der neue, zweite Terminal für die extragroßen Kreuzfahrtschiffe steht hier, mit schicker Fassade. Und unten liegen fünf Tote.

Die Marine versucht im Zweiten Weltkrieg, im Kieler Hafen ihre U-Boote im Bunker Kilian vor Luftangriffen zu schützen. Seine Decke ist mehr als drei Meter dick. Die Boote U4708 und U170 liegen dort, als in der Nacht auf den 10. April 1945 mehr als 6.700 Bomben in nur 25 Minuten das Ostufer der Förde treffen. Ein gewaltiger Sprengsatz explodiert genau vor den Stahltoren des Bunkers, fegt diese weg. Eines reißt ein Leck in den Rumpf von U4708. Zwei Soldaten und sechs Werftarbeiter sind an Bord. Als Ruhe einkehrt, suchen Helfer mit Scheinwerfern die Wasseroberfläche ab. Dort, wo U4708 gelegen hat, ist nichts mehr zu sehen. Das Boot ist untergegangen. Zwei Mann haben sich retten können. Von den sechs anderen kann einer tot geborgen werden. Für fünf ist U4708 ihr Grab.

1946 sprengen die Alliierten den Bunker, die Decke stürzt ein. Das U-Boot wurde zuvor nicht geborgen. Ein halbes Jahrhundert bleiben die Betontrümmer liegen. Die Ruine ist nun Denkmal, aber immer wird diskutiert, sie für die Erweiterung des Hafens zu schleifen. Um das zu verhindern, gründet der Kieler Kunsthistoriker Jens Rönnau den Verein »Mahnmal Kilian«. Zwangsarbeiter hatten den Bunker bauen müssen, Seegrab ist er. Er soll Gedenkstätte bleiben. Fünf Kreuze werden auf den Ruinenresten errichtet, Lichtkünstler inszenieren die Trümmer, Schulklassen erleben hier Geschichte. Im Jahr 2001 wird die Ruine doch eingeebnet. Das eindrucksvolle Zeugnis für den Wahnsinn des Krieges ist vernichtet.

Adresse Ostuferhafen, 24149 Kiel-Neumühlen-Dietrichdorf | **Anfahrt** Bus 60S, Halte-stelle Schwentinestraße | **Öffnungszeiten** Das Hafengelände kann man vom Zaun aus einsehen. | **Tipp** Die Bomben haben die Howaldtsche Metallgießerei an der Grenzstraße Nummer 1 verschont. Sie ist heute Industriemuseum (Tel. 0431/3877439; Öffnungszeiten: in der Saison So 14–17 Uhr).

71__Das Dorf in der Stadt
Kleines, charmantes Wohnquartier

Wer es beschaulich mag und trotzdem in der Stadt leben möchte, der zieht nach Pries. In das alte Bauerndorf Pries, die ländliche Perle. Pries ist ein Rundangerdorf. Um den Dorfplatz mit Teich sind die alten Häuser kreisförmig angeordnet. Diese innere Ordnung setzt sich nach außen in einer sternförmigen Anlage der Häuserzeilen fort. Auf dem Dorfplatz, dem Anger, stehen eine mächtige Eiche und zehn 200 Jahre alte Linden. Ein Findling erinnert an den Maler Friedrich Karl Gotsch, der hier geboren wurde (1900–1984). In Dresden war er Meisterschüler des Expressionisten Oskar Kokoschka, mit Otto Dix pflegte er Kontakte. Die Ölgemälde und Aquarelle von Gotsch zeigen Landschaften und Menschen. Der Dorfplatz von Pries ist nach ihm benannt.

Das Dorf strahlt Ruhe aus, hat seinen Charakter bewahrt. Mit der Landwirtschaft ist es vorbei, Pries ist ein Wohndorf. Ein Naturkostladen und ein Wohnprojekt für jüngste, junge, ältere und alte Menschen sind die aufregendsten Merkmale der Infrastruktur. Von der Veränderung durch großflächige Neubaugebiete blieb das alte Pries verschont. Als für Olympia 1972 die Fördestraße gebaut wurde, damit die Kieler schneller den Hafen von Schilksee erreichen konnten, wurde das alte Dorf abgetrennt vom wesentlich größeren Teil von Pries, der auf der südöstlichen Seite der Fördestraße nahtlos in den Stadtteil Friedrichsort übergeht. Heute ist kaum einem Einwohner bewusst, wo die Grenze zwischen Pries und Friedrichsort liegt. Pries-Friedrichsort geben viele als ihr Wohnviertel an. Die Grenze verläuft auf Höhe der Waldemar-Bonsels-Straße / Heckstraße quer durch die Fußgängerzone.

110 leibeigene Bauern bewirtschafteten die Äcker, als Pries noch zum etwas nördlich gelegenen Gut Seekamp gehörte. Das war vor bald 300 Jahren. Der letzte Landwirt stieg 1988 vom Traktor. Heute leben 7.300 Menschen in Pries. Aber das alte Bauerndorf ist nie untergegangen.

Adresse Friedrich-Karl-Gotsch-Platz, 24159 Kiel-Pries | **Anfahrt** Bus 503S, Haltestelle Kreuzung Pries, die Fördestraße überqueren und auf der Straße Dorf 400 Meter Richtung Westen | **Tipp** Auf Gut Seekamp nördlich von Pries hat die Hans-Kock-Stiftung ihren Sitz. Im Park sind die Skulpturen des Bildhauers ausgestellt (Seekamper Weg 10, 24159 Kiel-Schilksee; Öffnungszeiten: April–Sept. 8–22 Uhr, Okt.–März 10–16 Uhr).

72 Die Nurdachhütten

Mit der Kieler Kinderrepublik fing alles an

Sommer 1927. Am Kieler Bahnhof kommen mit Sonderzügen 2.300 Kinder und Jugendliche aus Deutschland, Österreich und der Tschechoslowakei an. Unterernährte Kinder, die unter Wohnungselend und Arbeitslosigkeit ihrer Familien leiden. Vier Wochen sollen sie in einem Zeltlager auf den Wiesen des Guts Seekamp verbringen. Die Idee des Kieler Oberbürgermeisters Andreas Gayk: Die jungen Menschen sollen nicht nur endlich einmal Ferien haben, sie sollen in den ersten Tagen der Weimarer Republik lernen, wie Demokratie funktioniert. Die Kinder können selbst bestimmen! Das Lager besteht aus Dörfern mit je 15 Zelten. Jedes Zelt wählt einen Abgeordneten für das Dorfparlament. Jedes Dorf delegiert einen Bürgermeister für das Lagerparlament. Minister für Ordnung oder Sport sind verantwortlich für das Lagerprogramm. Als in der Zeitung steht, dass Gemüsehändler ihre Ware dem Lager zu teuer anbieten, bringen Kleingärtner zwei Lastwagen voll mit frischen Möhren, Salat und Tomaten.

Das war die Kieler Kinderrepublik. 1965 greifen der Pastor Adolph Plath und die Arbeiterwohlfahrt die Idee wieder auf. Auf einem der schönsten Grundstücke am Falckensteiner Strand, unweit von Gut Seekamp, werden die ersten zehn Hütten des Ostsee-Jugenddorfes Falckenstein gebaut. Da die Dächer der Häuschen bis zum Boden reichen, heißen sie schnell Nurdachhütten. 25 weitere kommen hinzu, als man für Olympia 1972 einen internationalen Jugendtreff organisiert. Zehntausende junge Menschen haben hier für kleines Geld Ferien erlebt. Familien, die sich auch das nicht leisten können, hilft die Stadt.

Die Hütten sind in die Jahre gekommen. Der Sanierungsstau ist groß. Der Verein zur Kieler Jugenderholung braucht Spender. Denn die Idee hat sich nicht überholt. Die Betreuer machen die Erfahrung, dass es noch immer Kinder etwa aus dem Kieler Mettenhof gibt, die gar nicht wissen, dass Kiel Strände hat.

Adresse Falkenhorst 6, 24159 Kiel-Pries, Tel. 0431/7757038 | **Anfahrt** Bus 503S, Haltestelle Falckensteiner Strand, 300 Meter entlang des Parkplatzes nach Süden, scharf links, nach 100 Metern auf der rechten Seite | **Öffnungszeiten** ganzjährig auf Anfrage | **Tipp** Nur ein paar Meter unterhalb des Jugenddorfes bietet der Naturhochseilgarten »High Spirits« Klettertouren bis 25 Meter Höhe an. Beliebt ist das Klettern bei Mondschein und Fackellicht.

73 Alexandras Zuhause

In Kiel kaufte sich die Sängerin ihre erste Gitarre

Die Titel »Mein Freund, der Baum«, »Sehnsucht« oder »Zigeunerjunge« sind ihre bekanntesten Lieder. Ihre tiefe, rauchige Stimme klingt heute noch nach. Die Stimme der Sehnsucht. In Kiel hat die Sängerin Alexandra in ihrer Jugend gelebt. Doris Treitz heißt sie damals, den Künstlernamen legt sie sich später in Anlehnung an den Namen ihres Sohnes zu. In Kiel entdeckt sie ihre Liebe zur Musik.

Doris ist zwei Jahre alt, als sie 1944 an der Förde ankommt. Die Familie ist aus Ostpreußen geflüchtet. Die Mutter findet mit ihren drei Töchtern in der Stiftstraße eine Notunterkunft. Am Ende des Krieges kommt Vater August nach. Man zieht in eine Wohnung im Haus Knooper Weg 163. Der rote Ziegelbau hat neue Fenster bekommen, ist sonst seither unverändert. Unten haben Zahnärzte ihre Praxis. Vor dem Haus steht ein Kondom-Automat. Von den Bewohnern wissen nicht alle, dass Alexandra hier 16 Jahre gelebt hat. Keiner kann sagen, in welcher Etage. Es war im Erdgeschoss, die Wohnung rechts. In der Nähe hat die Stadt nach ihrem Tod eine Freifläche Alexandraplatz benannt.

Als Doris 1953 auf das Ricarda-Huch-Gymnasium wechselt, weiß sie schon, dass sie Sängerin werden will. Sie singt im Kirchenchor. Bei Schulkonzerten. Die Eltern spendieren Klavierunterricht. Sie wird Grafikstudentin an der Muthesius-Werkkunstschule. Jobbt als Zimmermädchen im Hotel Astor, um sich eine Gitarre leisten zu können. Sie komponiert, schreibt eigene Texte. Als die Eltern sich trennen, zieht Alexandra nach Hamburg. Gewinnt dort Misswahlen. Heiratet, wird Mutter, lässt sich scheiden. Ein Musikproduzent erkennt, dass ihre melancholischen Lieder eine Marktlücke sind. Alexandra stürmt die Schlagerparaden, sie lernt die Chansonniers Salvatore Adamo und Gilbert Bécaud kennen, arbeitet mit Udo Jürgens zusammen. Mit 27 Jahren stirbt sie in ihrem Mercedes-Coupé bei einem Unfall auf dem Weg nach Sylt.

Adresse Knooper Weg 163, 24118 Kiel-Ravensberg | **Anfahrt** Bus 50, 51, Haltestelle Alsenstraße | **Tipp** Dieser Laden hätte Alexandra gefallen: die TragBar gleich um die Ecke, Holtenauer Straße 174. Kaffee-Spezialitäten, leckeres Frühstück. Und ganz nebenher Klamotten probieren und schöne Dinge entdecken.

74_ Das Nordmarksportfeld

Einst Galopprennbahn und Startplatz der Zeppeline

Was hat dieses Gelände nicht schon alles erlebt, dieser Rasen nicht alles ausgehalten. Der erste Flugtag im Deutschen Reich hat hier 1908 stattgefunden. Dabei hopste der Däne Jacob Christian Hansen Ellehammer mit seinem selbst gebastelten Fluggerät 47 Meter weit in elf Sekunden und sicherte sich den ersten Preis – er war der einzige fliegende Teilnehmer. Zeppeline stiegen später in die Luft, eine Luftschiffhalle hat hier gestanden. Es gab eine Linienverbindung nach Hamburg. Die legendäre Band Genesis hat im Sommer 1992 die Arena gerockt. Michael Jackson am 13. Juni 1997 vor 55.000 kreischenden Fans »Billie Jean«, »Thriller« und den »Earth-Song« gesungen. Noch in zwölf Kilometern Entfernung, in Neuwühren hinter Raisdorf, soll er zu hören gewesen sein. Im Nazi-Deutschland marschierten die SA und andere Parteigliederungen zu ihren »Nordmarktreffen« auf. Seither hat sich der Name der Anlage gehalten.

Als das Gelände zu Beginn des 20. Jahrhunderts eröffnet wurde, groß wie 36 Bundesliga-Fußballplätze, hatte es als Multifunktionsspiel- und Sportplatz Modellcharakter für Deutschland. Heute ist die Balloon-Sail während der Kieler Woche spektakulärstes Event. Dafür reisen viele Dutzend Teams mit ihren Heißluftballons zum Norder, wie der Platz auch genannt wird. Abends sind die sogenannten Night Glows der Hit. Dabei leuchtet die Befeuerung der tanzenden Ballons zu musikalischer Choreografie, die mit einem Höhenfeuerwerk beendet wird.

Auch Galopprennen waren lange ein Ereignis. Eine schmale Sandbahn im Oval ist noch vorhanden. Der Kieler Renn- und Reiterverein nutzt heute das Areal. Der Platz ist so weitläufig, dass mehrere Fußballvereine gleichzeitig kicken können. Auch die Baltic Hurricanes haben hier trainiert, die in der German Football League ganz oben spielen. Die »Canes« waren Deutscher Meister, mehrfach Vizemeister. 2015 hat man auf dem Norder Hunderte Flüchtlinge in Containern untergebracht.

Adresse Eckernförder Straße 180, 24118 Kiel-Ravensberg | **Anfahrt** Bus 22, 81, Haltestelle
Nordmarksportfeld | **Öffnungszeiten** Der Haupteingang wird zu den Veranstaltungen
geöffnet. Der Nebeneingang am Mühlenweg steht meistens offen. | **Tipp** Geht man den
Mühlenweg parallel zur Schnellstraße nach Norden, gelangt man zur Olshausenstraße.
Links und rechts stehen das Audimax und viele Institute der Christian-Albrechts-
Universität. Sie ist eine Campus-Uni. Jeder zehnte Bewohner Kiels studiert.

75 Die Riesen-Seerose

Auf ihr kann man sogar sitzen

Machen wir es uns bequem. Man könnte wirklich Platz nehmen auf der Victoria – sofern man nicht mehr wiegt als 70 Kilogramm. Drei Meter Durchmesser erreichen die Blätter der Riesen-Seerose in ihrer tropischen Heimat am Amazonas, in Gewächshäusern in unseren Breiten immerhin noch zwei Meter. Zwischen den Blattnerven an der Unterseite des Seerosenblattes und der Wasseroberfläche bilden sich große Luftblasen. Die tragen zumindest Leichtgewichte. Die Blätter sehen aus wie eine zu groß geratene Kuchenform. Der Rand des Kuchenblechs steht sechs Zentimeter nach oben. Einschnitte sorgen dafür, dass bei Regen das Wasser ablaufen kann.

Eine Victoria-Seerose, benannt nach der Ururgroßmutter von Queen Elizabeth, ist der Stolz großer Botanischer Gärten. Der in Kiel ist einer der wenigen, denen es gelingt, die Victoria-Pflanzen sogar blühend über den Winter zu bringen. Diese Blüte ist eine Show. Jede Seerose blüht nur zwei Tage. Am frühen Abend geht sie auf, sie ist weiß und verströmt einen Duft von Vanille und Ananas. In ihrem Inneren ist es zehn Grad wärmer als in ihrer Umgebung. Diese Wärme, die Farbe und der Duft locken Käfer an. Am Morgen schließt sich die Blüte, nimmt die Insekten gefangen und belädt sie mit Pollen. Erst am Abend des zweiten Tages gibt die Victoria ihre Gefangenen frei. Die Blüte öffnet sich, sie ist jetzt kräftig rosarot. Sie riecht nicht mehr. Die Käfer starten zur nächsten duftenden Blüte. Die zuvor bestäubte Blüte stirbt und sinkt zum Grunde des Wassers.

Nach der Victoria-Seerose ist im Botanischen Garten der Christian-Albrechts-Universität ein ganzes Schauhaus benannt. Zuckerrohr und Reis werden dort außerdem angebaut. Der Botanische Garten bildet mit 14.000 Pflanzenarten die Vegetation aller Kontinente ab. Der Rundweg durchs Freigelände führt durch Asien und Amerika, aber auch durch einheimische Lebensräume wie Dünen, Heide und Moor.

Adresse Am Botanischen Garten 1–9, 24118 Kiel-Ravensberg, Tel. 0431/8804276 | **Anfahrt** Bus 50, 60S, 81, Haltestelle Botanischer Garten | **Öffnungszeiten** täglich ab 9 Uhr, Schaugewächshäuser ab 9.30 Uhr, Schließzeiten: April–Sept. 18 Uhr, März und Okt. 17 Uhr, Feb. 16 Uhr, Nov.–Jan. 15 Uhr, Gewächshäuser eine halbe Stunde früher | **Tipp** Lassen Sie es ruhig einmal auf der Nase kribbeln und besuchen Sie die Schmetterlinge in der Freiflughalle des Gartens! Von Juni bis August.

76_Der Wasserturm
Schickes Wohnen im Baudenkmal

Trutzig thront er über seiner Umgebung wie eine Burg. Gedrungen wirkt er und reckt seine Haube doch steil in den Himmel. Rundbögen reihen sich wie Kirchenfenster aneinander, die auf den oberen Metern schmal wie Schießscharten sind. Den alten Wasserturm auf dem Ravensberg hat Stadtbaurat Rudolph Schmidt geplant. Mit Rücksicht auf die Backstein-Architektur an den umliegenden Straßen hat er seinen Entwurf an eine mittelalterliche Wehranlage angelehnt. 1898 wurde der Wasserturm gebaut, bis 1990 hat man ihn als solchen genutzt. Der mächtige Turm ist weithin sichtbares Merkmal der Stadtsilhouette.

Man brauchte den Wasserturm, als Kiel sich ausdehnte und an der nahen Holtenauer Straße mehrgeschossige Gebäude errichtet wurden. Damit auch in deren oberen Etagen der Wasserdruck stimmte, war der Bau eines höhergelegenen Wasserbehälters erforderlich. Dafür wurde auf der höchsten Stelle des Ravensbergs noch einmal kräftig aufgeschüttet und darauf der neue Turm errichtet. 10.000 Badewannen Wasser konnte der Ringbehälter fassen.

Den Backsteinbau, inzwischen zum Kulturdenkmal geworden, hat man nach dessen Stilllegung für Kleintheater-Inzenierungen, Konzerte, Ausstellungen, Lesungen genutzt. Jetzt ist er schicke Wohnadresse in Kiel. Die historische Fassade hat er behalten. Innen ist der Turm entkernt. Der Investor hat einen Teil des Erdwalls abtragen lassen und vor die unteren Wohnungen Loggias gesetzt. Darüber hat der Architekt Stadthäuser in den Turm eingebaut, über drei Etagen. Ganz oben sind Maisonettewohnungen, zwei Stockwerke hoch. Eine Tiefgarage hat Platz für 92 Autos. Beachtlich ist das lichte Foyer im Inneren des Turms mit Lift und Treppenhaus zu allen Appartements. »Neues Leben im Wasserturm«, so die Versprechung. Das neue Leben hat einen stolzen Preis. Eine Drei-Zimmer-Wohnung, immerhin 124 Quadratmeter groß, wurde für knapp 600.000 Euro angeboten.

Adresse Niebuhrstraße / Ecke Esmarchstraße, 24118 Kiel-Ravensberg | **Anfahrt** Bus 91, 92, Haltestellen Nordfriedhof und Rankestraße | **Tipp** Ein weiterer historischer Wasserturm steht im Stadtteil Wik an der Rostocker Straße. Schön anzusehen ist der Turmkopf mit Ziermauerwerk.

77 Die Kuhwiese

Wie Kiel Stararchitekt Oscar Niemeyer verprellte

Ein echter Niemeyer! Gebaut nach den Entwürfen des südamerikanischen Kurvenstars der Architektur. Die Kathedrale von Brasilia hat Oscar Niemeyer erschaffen. Das Sambódromo in Rio de Janeiro. Das Maison de la Culture in Le Havre. Das UN-Hauptgebäude in New York (zusammen mit Le Corbusier). Und jetzt sollte eine Niemeyer-Kapelle im Kieler Stadtteil Schilksee gebaut werden! Der einzige Sakralbau des brasilianischen Stararchitekten in Europa! Aber es kam ganz anders.

Die Vorgeschichte: Im Juni 2009 stürzt ein Airbus der Air France auf einem Nachtflug von Rio nach Paris über dem Atlantik ab. 228 Menschen sterben, darunter 28 Deutsche. Tauchroboter bergen die Hälfte der Toten. Unter den Opfern ist auch der Kieler Architekt Moritz Kock, Sohn des berühmten Bildhauers Hans Kock aus Schilksee. Moritz Kock war mit Niemeyer befreundet, war auf dem Rückflug von einem Arbeitsbesuch beim Kollegen. Auch über die Kapelle hatten sie gesprochen.

Ein Kreis der Hinterbliebenen findet sich. Auf Initiative von Fernanda von Oppersdorf, der Witwe Moritz Kocks, wenden sie sich an die Stadt. Man will Kiel das transparente Bauwerk aus geschwungenem Beton und viel Glas schenken, an dem Oscar Niemeyer und ihr Mann gearbeitet hatten. Es soll eine würdige Gedenkstätte für die Opfer von Flug AF 447 werden. Ein Brachland-Grundstück in Schilksee, Kuhwiese oder Moorkuhl genannt, sei ein geeigneter Ort. Direkt an der Steilküste, Bezug zum Meer, den sich die Angehörigen wünschten. Weil für viele der Toten das Meer ihr Grab bleibt. Die Stadtoberen bekommen glänzende Augen – aber die Schilkseer lehnen ab. Sie fühlen sich überrumpelt. Kein Bau, auch keine Niemeyer-Kapelle, in ihrem Landschaftsschutzgebiet! Der Hinterbliebenenverein zieht sein Angebot zurück, aber immer wieder kommt die Kapelle ins Gespräch. Sollte sie doch noch gebaut werden, wird Oscar Niemeyer es nicht mehr erleben. 2012 starb er mit 104 Jahren.

Adresse Stubbekredder, 24159 Kiel-Schilksee | **Anfahrt** Bus 33, 501, 502, 521S, 701, Haltestelle Funkstellenweg, 300 Meter Richtung Westen, auf dem Feldweg weiter geradeaus auf die Steilküste zu, auf der rechten Seite | **Tipp** Ein schöner Wanderweg führt entlang der Steilküste nach Süden bis zum Falckensteiner Strand. Geht man nach Norden, erreicht man den Olympiahafen Schilksee.

78__Die Olympia-Fackel
120 Häuser könnte sie heizen

Zweimal schon hat in Kiel das Olympische Feuer gebrannt. Bei den Nazi-Propagandaspielen 1936 und bei den zumindest vor dem Münchner Attentat vergnügten Spielen von 1972. Geht da noch mehr? Als das Deutsche Olympische Komitee entscheidet, dass Hamburg sich um die Spiele im Jahr 2024 bewerben soll, kann Kiel die Konkurrenten Cuxhaven, Lübeck/Travemünde und Rostock/Warnemünde ausstechen. Kiel steigt bei den Hamburgern mit ins Boot, bewirbt sich erneut als Austragungsort der Olympischen Segelwettkämpfe. Von nun an heißt der Slogan der Stadt »Kiel macht O«. Es kann schließlich auf der Welt kein besseres Segelrevier geben! Würde das international größte Segelsportfest, die Kieler Woche, sonst jährlich auf der Förde und in der Kieler Bucht stattfinden?

Kiel geht mit Schwung an die Herausforderung, erhofft sich viel. Wie bei den 1972er Spielen. Nicht nur der Olympiahafen Schilksee ist damals entstanden. Straßen wurden ausgebaut. Über den Nord-Ostsee-Kanal hat man die Holtenauer Hochbrücke geschlagen. Der Rathausplatz und der Alte Markt haben ein neues Gesicht bekommen. Die Kiellinie, heute Lieblingspazierweg vieler Kieler am Westufer der Förde, hat man als Vorzeigepromenade gebaut. Bekommt man den Zuschlag, ginge das für 2024 noch besser! Schilksee könnte – dringend nötig – aufpoliert werden. Auf dem Gelände des Marinefliegergeschwaders in Holtenau, jetzt frei, lässt sich Zukunft gestalten.

Kiel ist Feuer und Flamme für Olympia. Die alte Fackel auf dem Dach des Hafenmeisters in Schilksee ist immer noch eindrucksvolles Dokument der Spiele von 1972. Aus den 21 in zwei Kränzen angeordneten Edelstahldüsen brannte das Feuer Tag und Nacht. Verbrauchte so viel Gas, dass sich damit 120 Häuser hätten beheizen lassen. Die Fackel wird heute nicht mehr entzündet. Eine zweite steht auf dem Rathausplatz, eher eine Feuersäule hinter Glas. Zur Kieler Woche brennt sie immer noch.

Adresse Olympiahafen, 24159 Kiel-Schilksee, Tel. 0431/26048421 (Hafenmeister) | **Anfahrt** Bus 33, 501, 502, 512 S, Haltestelle Olympiazentrum | **Öffnungszeiten** Die Fackel auf der dritten Plattform des Turms über dem Hafenmeisterbüro ist ganzjährig erreichbar. | **Tipp** »Schilksee Spezial«: Fischbrötchen mit Lachs, Mozzarella und Relish gibt's im Hafen-Kiosk »Goldfisch«.

79__Die Seewiesen

So hat man das Niedermoor renaturiert

Für Naturfilmer und Fotografen mit leistungsfähigem Teleobjektiv ist das ein guter Standort. Von einem breiten Steg aus, der das Feuchtgebiet überquert, kommen sie dicht heran an die Sumpf-Seggen im Wasser. Können von hier aus das sonderbare Paarungsverhalten der Kleinlibellen bestens studieren. Wie das Männchen mit seinen Greifwerkzeugen am hinteren Körperende im Flug das Weibchen packt. Wie beide nun im Tandem fliegen und sich einen Sitzplatz auf einem Blatt einer Sumpf-Segge suchen. Nur das Männchen setzt sich, das Weibchen baumelt in der Luft. Jetzt krümmt es seinen Hinterleib nach vorn und hakt die Genitalöffnung am männlichen Begattungsorgan ein. Die Insekten bilden ein herzförmiges Paarungsrad. Je nach Libellenart dauert die Befruchtung Minuten oder Stunden. Libellen treiben's wirklich wild.

Die Seewiesen in einer großen Senke zwischen dem alten Dorf Schilksee und dem Gut Seekamp sind idealer Lebensraum für die Flügelflitzer. Das Feuchtgebiet entstand vor etwa 20.000 Jahren. Toteis schmolz in dieser Kuhle, es bildete sich eine Wasserfläche, aus der ein Niedermoor entstand. Das blieb so, bis Bauern die Senke künstlich entwässerten, um zusätzliches Weideland zu gewinnen. Die Torfe verrotteten, die Vegetation veränderte sich. Kiel aber wollte zurück zur Natur. In den vergangenen Jahren hat man die Senke wieder benässt. Nach und nach gelang es, den Wasserspiegel anzuheben. Die Maßnahme diente auch dem Klimaschutz: Der nun wieder nasse Torf kann sich nicht weiter zersetzen und so auch kein schädliches Kohlendioxid abgeben.

Das Feuchtbiotop hat sich zurückentwickeln lassen. Besonders schön ist es im Frühjahr und Frühsommer anzuschauen, wenn Sumpf-Egge, Sumpf-Schafgarbe und Igelkolben ihr frisches Grün durch die spiegelnde Wasseroberfläche strecken. Zwergtaucher, Grau- und Kanadagänse, Rohrammer, Austernfischer und Graureiher fühlen sich hier wohl.

Adresse Schilkseer Straße, 24159 Kiel-Schilksee | **Anfahrt** Bus 33, Haltestelle Seekamp, von dort in die Schilkseer Straße Richtung Norden, nach 500 Metern gegenüber der Schule 27 Stufen hinunter zum Wasser | **Tipp** Ein Rundwanderweg führt über den Steg, durch Buchenwald und an Weiden vorbei, auf denen robuste Hochlandrinder grasen. 3,6 Kilometer. Die sind zu schaffen.

80__Die Segelmacherei

Mit bestem Ausblick auf Wind und Wellen

Manchmal ist Hanna Peters die Sicht versperrt. Wenn die junge Frau zusammen mit Werkstattleiter Roger Brause auf dem Parkettboden mit Kreide die Umrisse eines 20, 30, 40 Meter großen Segels aufzeichnet. Wenn sie dann die 91 Zentimeter breiten Bahnen aus Dacron-Polyester zuschneidet, die sie später zu einem Segel vernähen. Dann drücken sich Passanten an der Panoramascheibe der Manufaktur die Nasen platt. Sonst hätte Hanna Peters beste Aussicht auf Wind und Wellen. Sie ist Segelmacherin. Und für die Sailing City – so Kiels Marketing-Slogan – im wahrsten Sinne eine ausgezeichnete Repräsentantin. Als Nachwuchstalent zur Bundessiegerin der Segelmacher-Gesellen gekürt.

Ihr Ausbilder und Chef, Segelmachermeister Ralph-Diethelm Frerichs, betreibt die einzige Segelmacherei und Taklerei auf dem Gelände des Olympiahafens. Buntes, geflochtenes Tauwerk auf großen Rollen gibt dem Laden einen fröhlichen Anstrich. In der Werkstatt nebenan reihen sich unter Regalen mit Segeltuch die Maschinen an den Wänden: die Zick-Zack-Maschinen, die Doppelnahtmaschinen, die Vielstichmaschinen. Zur Kieler Woche, wenn Segel zerfetzen und Ösen herausreißen, arbeitet das kleine Team an sieben Tagen rund um die Uhr.

Aber früher, da sind sie einmal zu zwölft gewesen. Als für eine Regatta nicht zehn, sondern 50 Boote gemeldet wurden. Heute haben die Leute zwar ein dickes Boot, meint der Meister, aber den Sommerurlaub verbringen viele doch lieber in der Türkei. Und Spinnaker und Gennaker sind günstiger aus industrieller Produktion auf Sri Lanka zu haben als handgenäht aus Kiel. Ralph-Diethelm Frerichs, der früher selbst bei Weltmeisterschaften gesegelt ist, hat den Betrieb, 1903 vom Großvater gegründet, vom Vater übernommen. Einen Nachfolger aus der Familie hat Frerichs nicht. Hanna Peters, fürchtet er, werde wohl die letzte Auszubildende gewesen sein. So lange es aber geht, will Frerichs weitermachen.

Adresse Fliegender Holländer 11–13, 24159 Kiel-Schilksee, Tel. 0431/372525 | **Anfahrt** Bus 33, 501, 502, 512 S, Haltestelle Olympiazentrum, an den Hochhäusern vorbei | **Öffnungszeiten** Mo–Fr 10–18 Uhr, Sa 10–16 Uhr, zusätzlich an Regattatagen | **Tipp** Der Japaner Tamitaro Nachi hat die bunten Windflügel entworfen, die sich im Hafengelände schon bei Schwachwind spielerisch bewegen. Die kinetischen Objekte wurden zu den Olympischen Spielen 1972 aufgestellt.

81__Das Restez!

Original französische Boulangerie

»Bonjour!« Wer sich vom verführerischen Duft von frischem Gebäck und Kaffe in die Bäckerei »Restez!« hat locken lassen, wird auch vom Personal an die Seine versetzt. Die Bedienungen führen die Verkaufsgespräche in einem liebenswerten französisch-deutschem Singsang. Der Melodie folgt die Übersetzung. Schließlich weiß nicht jeder, was das »Petit déjeuner faim de loup« wohl heißen könnte – Frühstück für den, der einen Hunger mitbringt wie ein Wolf. Bon appétit!

Bäckermeister Kai Lyck hat nach eigener Auskunft »Mehl im Blut«. In vierter Generation führt er in Kiel die Bäckerei Lyck mit drei weiteren Filialen, aber mit der Boulangerie »Restez!« hat er sich einen Traum verwirklicht. Schon viele Jahre pflegt er eine Leidenschaft für das Handwerk französischer Bäcker, die angesehene Leute sind. »In Frankreich genießt man. Man achtet auf die Qualität von Lebensmitteln. Meine Affinität zur französischen Backkultur hat aber auch mit der Langweiligkeit des deutschen Bäckeralltags zu tun.« Also hat Kai Lyck französische Fachbücher studiert, immer wieder Rezepte ausprobiert. Mit Zutaten, die er aufwendig besorgen muss. Mit Mehlen aus der Grand Moulin de Paris, mit Meersalz vom Delta der Loire. Der Name »Restez!« (Bleiben Sie!) sei Eingebung gewesen. Wobei Kai Lyck nicht sicher war, wie das Publikum reagieren wird auf den französischen Imperativ. Die Kunden waren aber vom ersten Tag an begeistert. »Restez!« wird als innehalten interpretiert.

Wer sich also darauf einlässt, kann hier Frankreich schmecken. Croissants mit fast 30 Prozent Butteranteil, die mehrfach am Tag im Steinofen gebacken werden, weil sie warm einfach am besten schmecken. Bunte Macarons. Kleine Kunstwerk-Küchlein. Petit pain Filou, dessen Teig 48 Stunden geruht hat. »L'hommage à Balzac«, ein Brötchen nach einem Rezept aus der Zeit Ludwig des XIV. Savoir manger! Savoir vivre!

Adresse Sternstraße 18, 24116 Kiel-Schreventeich, Tel. 0431/6668305 | **Anfahrt** Bus 22, 71, 72, 830, 4810, Haltestelle Arndtplatz | **Öffnungszeiten** Mo – Fr 7 – 19 Uhr, Sa 7 – 16 Uhr, So 8 – 14 Uhr | **Tipp** Nur ein paar Schritte entfernt, Möllingstraße 26, können Vinyl-Liebhaber in der »Plattenkiste« nach alten Scheiben stöbern (Öffnungszeiten: Mo – Sa »ab 12 Uhr, zwei Stunden Pause«).

82__Der Schrevenpark

Kleines Mahnmal, wo die große Synagoge stand

Einen ersten Anschlag auf die Synagoge hatte es schon am 3. August 1932 gegeben. Ein Sprengstoffattentat, das nie aufgeklärt wurde. Die 600 Juden, die damals in Kiel leben, Nobelpreisträger darunter, sind verängstigt. Zumal Politiker und die Oberen anderer Religionen es an Solidarität fehlen lassen. Im Jahr darauf werden zwei jüdische Anwälte ermordet, einer von ihnen Ratsherr der Sozialdemokraten. Wenigstens Vertreter der Arbeiterbewegung zeigen sich noch entsetzt. Dann, nach weiteren antisemitischen Ausschreitungen, gibt es überhaupt keine Proteste mehr. Als in der »Reichskristallnacht« auf den 10. November 1938 die Nationalsozialisten auch die Kieler Synagoge in Brand setzen, einen repräsentativen Kuppelbau mit Religionsschule und Gebetsraum für 400 Menschen, verhindert die Feuerwehr nur, dass auch Nachbargebäude in Flammen aufgehen.

Die Kieler Juden werden in die Konzentrationslager Theresienstadt, Sachsenhausen, Riga-Jungfernhof verschleppt. Neun nehmen sich in Angst vor den Qualen vor den Transporten das Leben. Als der Krieg zu Ende ist, leben nur noch wenige Dutzend Juden in Kiel, die sich verstecken konnten. Dort, wo die Synagoge ihren Platz hatte, steht – seit 1989 – ein bescheidenes Mahnmal. Die Künstlerin Doris Waschk-Balz interpretiert die Pogromnacht mit einem Relief des Gotteshauses vor einer zerborstenen Wand und einem herabstürzenden achtarmigen Leuchter. Oft stecken Blumen am Denkmal.

Gegenüber liegt der Schrevenpark, vielleicht der schönste der Stadt, mit dem Schreventeich in seiner Mitte, mit vielen Winkeln und einer Insel. Den Namen haben der Teich und der Park von »s grevens diek« (des Grafen Teich). Als man die Grünanlage angelegt hat, wurden die Bürger aufgerufen, Bäume zu spenden. Schöne Altbauten stehen rundherum. Das Viertel gehört zu den bevorzugten Wohnlagen. Auch von Heide Simonis, frühere Ministerpräsidentin von Schleswig-Holstein.

HIER STAND DIE SYNAGOGE DER
JÜDISCHEN GEMEINDE IN KIEL
DIE IN DER ZEIT DER
NATIONALSOZIALISTISCHEN
GEWALTHERRSCHAFT
DURCH EINEN WILLKÜRAKT AM
9 NOV 1938 ZERSTÖRT WURDE

Adresse Goethestraße / Ecke Humboldtstraße, 24116 Kiel-Schreventeich | **Anfahrt**
Bus 51, 52, Haltestelle Kunsthochschule | **Tipp** Das »Castello« am Eingang des Parks,
Goethestraße 15, ist beliebter Treffpunkt für die Menschen im Viertel. Der Imbiss setzt
auf großzügige Kuchenstücke und gesunde Produkte (Öffnungszeiten: ab März bis zum
Herbst, ab 10 Uhr).

83_ Die Margarinefabrik

Heute Musikschule und Ballettsaal

War das ein Cembalo? Und hinter der nächsten Tür wird am Bass gezupft. Oben feilt eine Sopranistin an ihrem Tremolo. Wer die rot-weiß gefliestete Eingangshalle dieses Backsteingebäudes betritt, wird mit einer Vielzahl akustischer Impressionen überrascht. Redensarten kommen dem Besucher in den Sinn: »Hier spielt die Musik.« Oder: »Da ist Musik drin.«

Als Talentschmiede ist die Musikschule Kiel, die seit 2006 die fünf Etagen des denkmalgeschützten Hauses nutzt, über die Region hinaus bekannt. Der Bau, nach dem Ersten Weltkrieg errichtet, hat eine abenteuerliche Geschichte mit wechselnden Besitzern und immer neuen Nutzungsideen. Ursprünglich war er eine Molkerei, eine sogenannte Etagenmeierei. Sie galt als einzigartig in Europa, weil man aufgrund des Gefälles der Rohre von den oberen Stockwerken zum Erdgeschoss weitgehend auf Pumpentechnik verzichten konnte. Später verlegte der Unternehmer August Ferdinand Seibel seine Margarinefabrik in den Milchhof. Bis Ende der 1970er war sie in Betrieb. Danach war sie Lager, und Tierfutter wurde hier verkauft. Mal sollte ein Kino eingebaut werden, mal ein Hotel oder ein Studentenheim. Aus all diesen Plänen wurde nichts. Die Seibel'sche Margarinefabrik verfiel immer mehr. Graffiti und zertrümmerte Scheiben prägten jahrzehntelang das Bild. Bis ein erfolgreicher Friseurmeister das Gebäude bei einer Zwangsversteigerung erwarb.

Im Inneren wurde umgebaut, aber die beeindruckende Ausstrahlung seiner Architektur ist geblieben. Der Raum im Obergeschoss, durch galerieartige Ebenen geteilt, ist aus verschiedenen Perspektiven erlebbar. Die hohen Fenster lassen ihn großzügig und hell erscheinen. Nach umfassender Sanierung zog die Musikschule als Mieter ein. Ein Ballettsaal und ein Tonstudio sind eingerichtet. Unterrichtet werden alle Stilrichtungen klassischer Musik, aber auch Rock, Jazz, Hip-Hop, Musical. Etwas Besonderes ist der Ukulele-Kurs für Senioren.

Adresse Schwedendamm 8, 24143 Kiel-Südfriedhof, Tel. 0431/9015261 | **Anfahrt**
Bus 52, 4310, 4320, 4330, Haltestelle Schwedendamm | **Öffnungszeiten** Geschäftszeiten
der Verwaltung: Mo, Di, Do, Fr 9–12 Uhr, Mo, Di 14–15.30 Uhr, Do 15–18 Uhr | **Tipp**
Wenn man den Schwedendamm überquert, die Adolf-Westphal-Straße Richtung Norden
geht und unter der Brücke hindurch, gelangt man zum Hörn-Campus. Die zum Wasser
hin geschwungene Glasfassade des Bürokomplexes stilisiert ein im Wind killendes Segel.

84__Das Deck 8

Der große Überblick vom Dach des Hotels Atlantic

Natürlich kann man an der Bar einen der Klassiker bestellen, einen Sex on the Beach, einen Alexander, einen Hurricane. Aber warum nicht in Kiel einen Spitzmund Gin genießen aus einer feinen Gin-Manufaktur in der Landeshauptstadt? 47 Prozent Alkohol, ohne Tonic. Mit Aromen von Wacholder, Pflaume, Koriander. Sein Charakter sei wie die Bewohner Schleswig-Holsteins, heißt es: bodenständig, authentisch, traditionsbewusst.

Dann raus auf die Außenterrasse von Deck 8, Lounge und Bar in der achten Etage des Hotels Atlantic gegenüber dem Bahnhof. Bester Panoramablick! Ganz links der Rathaus-Turm, dem Glockenturm des Markus-Doms in Venedig sehr ähnlich, und die Nikolaikirche, ältestes noch erhaltenes Gebäude der Stadt. Weit kann man in die Kieler Förde sehen, dahinter kommen die Kieler Bucht und das offene Meer. Am rechten Ufer ganz hinten der Ostuferhafen, wo die Fähren zu den baltischen Staaten starten. Rechts davon rollen die blauen Portalkräne der Werft German Naval Yards. Weiter rechts der Norwegenkai, Liegeplatz der Fähren nach Oslo. Noch einmal rechts davon macht während der Kieler Woche vor dem Hochhaus oft die Sedov fest, eine russische Viermastbark, das größte traditionelle Segelschulschiff der Welt. In Kiel wurde es gebaut. Sein größter Mast ragt zehn Meter über den Wohnturm hinaus, und der ist schon 48 Meter hoch. Ganz rechts die Hörn, die Hafenspitze. Man erkennt, wie weit das Wasser bis in die Seele der Stadt vordringt. Ein neues Spaßbad soll bald die Attraktion sein an der Hörn. Auf den brach liegenden Flächen wird die Kai City Kiel geplant, als »Jahrhundertbauwerk« angekündigt. Man wartet auch schon Jahrzehnte darauf.

Auf Deck 8 ist als Dresscode »sportliche Abendgarderobe« vorgesehen. Jeans sind erlaubt, »Herren tragen dunkle, geschlossene Schuhe«, Krawatte ist kein Muss. Jogginghosen, Turnschuhe und Caps passen nicht zum Ambiente.

Adresse Raiffeisenstraße 2, 24103 Kiel-Vorstadt, Tel. 0431/374990 | **Anfahrt** gegenüber dem Bahnhofsplatz | **Öffnungszeiten** So–Do 18–1 Uhr, Fr–Sa 18–2 Uhr | **Tipp** Auch einen guten Ausblick hat man vom Restaurant und Café Längengrad aus, fünf Minuten Fußweg entfernt, Schwedenkai 1 (Tel. 0431/99048777). Auf der Außengalerie sind auch Besucher willkommen, die keine Gäste des Längengrads sind.

85___Der Hof des Kleinen Prinzen

Sommer-Spektakel auf der Freilichtbühne

»Salzburg hat seinen Jedermann, Kiel hat seinen Kleinen Prinzen«, sagt Theaterdirektor Markus Dentler. Tatsächlich ist das Stück seit der ersten Aufführung Sommerkult. Die größten Fans sehen sich die Inszenierung immer wieder aufs Neue an. Manche bevorzugen die Vorstellung am Sonntagnachmittag, wenn die Sonne die Freilichtbühne im Innenhof des Rathauses ausleuchtet. Andere lieben die Abendtermine, wenn Sterne funkeln. Vier Wochen lang begeistern die Künstler jedes Jahr das Publikum. Markus Dentler spielt gern den König.

Es ist das Märchen für Erwachsene. Weil der Kleine Prinz mit der launischen Rose auf seinem Planeten nicht klarkommt, begibt er sich auf eine Reise durchs All, um Antworten auf all seine Fragen zu bekommen. Er begegnet dem König, der ohne Volk regiert. Dem Eitlen. Einem Trinker, der nur vergessen will. Dem in seine Zahlen verliebten Geschäftsmann. Dem blind gehorsamen Laternenanzünder. Schließlich dem Geografen, der ihn zur Erde schickt. Hier trifft der Prinz den Fuchs. Von ihm lernt der Kleine Prinz, dass man Liebe und Freundschaft nur findet, wenn man Verantwortung für andere übernimmt. »Man sieht nur mit dem Herzen gut«, sagt der weise Fuchs. »Das Wesentliche ist für die Augen unsichtbar.«

Die unsterbliche Geschichte »Le Petit Prince« von Antoine de Saint-Exupéry, die sich weltweit 80 Millionen Mal in 180 Sprachen und Dialekten verkauft hat, gehört zum festen Programm des Theaters »Die Komödianten«. In einer alten Schlosserei mit 99 Plätzen spielt das Ensemble sonst moderne Inszenierungen aktueller Autoren wie Dario Fo oder Henning Mankell. Moderne Klassiker von Peter Handke oder Tennessee Williams. Die Schauspieler verlassen aber auch gern ihr Zimmertheater, treten dann im Schwimmbad, in Museen oder auf den Halligen auf.

Adresse Innenhof des Rathauses, Fleethörn 9, 24103 Kiel-Vorstadt; Theater Die Komödianten: Wilhelminenstraße 43, 24103 Kiel-Damperhof, Tel. 0431/553401 | **Anfahrt** Rathaus: Bus 51, 71, 72, 100, 101, Haltestelle Rathaus/Opernhaus; Theater Die Komödianten: Bus 51, Haltestelle Kunsthochschule | **Öffnungszeiten** Spielzeiten »Der kleine Prinz«: Mitte Juli–Mitte Aug. Fr–Sa 20 Uhr, So 15 Uhr; Spielzeiten Die Komödianten: 20 Uhr, Wochentag auf Anfrage | **Tipp** Ein kleiner nackter Mann mit Bauch sitzt ungeniert auf dem Rathausplatz vor dem Opernhaus. »Guter Hausgeist« heißt die lustige Bronzefigur.

86 — Die Platane am Ziegelteich

150 Jahre trotzt der Baum-Riese Asphalt und Beton

Wie eingeklemmt steht er da, der wuchtige Baum. Und doch: Er schafft sich Raum. Streckt seine Äste gegen die Fassade des Warenhauses, legt andere über die gläserne Fußgängerbrücke, welche die fünfspurige Straße überspannt. 17 Meter hoch ist die Platane, 15 Meter misst ihre Krone im Durchmesser. Das Laub leuchtet in kräftigem Grün. Der Feinstaub der Autos und Linienbusse, hier besonders konzentriert, scheint dem Baum sichtbar nichts anhaben zu können. Eingemauert zwischen Beton und Asphalt beansprucht er seinen Platz.

Das Alter des Naturdenkmals wird auf 150 Jahre geschätzt. Vor so langer Zeit hat hier noch kein Karstadt gestanden. An dieser Stelle war der Ziegelteich, groß wie drei Fußballfelder. Vorher war er Lehmgrube für eine benachbarte Ziegelei, noch früher ist hier Hopfen angebaut worden. Etwa 1870 hat man den Ziegelteich zugeschüttet. Das muss die Zeit gewesen sein, als die Platane gepflanzt worden ist.

Was hat sie nicht alles erlebt! In ihren ersten Jahren wurde gleich neben ihr das Thaulow-Museum gebaut für die Sammlung des Philosophen Gustav Ferdinand Thaulow. Vasen, Möbel, Schnitzwerk, Kirchen-Plastiken »von nationaler Einzigartigkeit«, die er der damaligen Provinz Schleswig-Holstein schenkte. 1944 wurde der Kunst-Tempel bei einem Luftangriff zerstört. Der Baum hat's überlebt. In Sichtweite hat man den alten Bahnhof abgerissen und 500 Meter weiter südlich einen neuen gebaut. Die Fischfabrik Richter um die Ecke ist verschwunden, und die Straßenbahnen sind es auch. Und von der Altstadt her wuchs die erste deutsche Fußgängerzone weiter und weiter der Plantane entgegen, erreichte sie 1988. Da hatte man in ihrem Rücken schon den Sophienhof, das Shoppingcenter, gebaut. Zuvor demonstrierten am Fuße des Baumes wütende Hausbesetzer der »Intiative Schöner Wohnen« dagegen, dass dafür Jugendstilhäuser abgerissen wurden.

Adresse Ziegelteich/Ecke Sophienblatt, 24103 Kiel-Vorstadt | **Anfahrt** Bus 22, 31, 34, Haltestelle Ziegelteich | **Tipp** Weitere Naturdenkmale stehen in der Forstbaumschule, einem Park im Stadtteil Düsternbrook: eine Säuleneiche, 195 Jahre alt, und ein 32 Meter hoher Mammutbaum (Feldstraße/Ecke Koesterallee, 24106 Kiel-Düsternbrook).

87_Der Platz der Matrosen

Mit ihrer Revolution begann die deutsche Demokratie

Die Krankenpflegerin Marie Luzie Schneider ist einfach zur falschen Zeit am falschen Ort. Tumultartig geht es damals vor dem Kieler Bahnhof zu. Die Stadt kocht. In der Schubserei fällt Marie Luzie Schneider vor eine Straßenbahn. Sie ist das erste Todesopfer des Aufstandes vom 3. November 1918. Am Ende des Tages sind acht Menschen ums Leben gekommen und 29 verletzt.

Es sind damals nur noch wenige Tage bis zum Ende des Krieges. Die Menschen sind verzweifelt, hungrig. Es wird auch bereits ein Waffenstillstand verhandelt, in Wilhelmshaven planen Marine-Offiziere jedoch eine »Entscheidungsschlacht, auch wenn sie ein Todeskampf wird«. Aber die Matrosen wollen keinen Opfertod sterben, sie meutern. 47 angebliche Rädelsführer werden verhaftet und in Kiel eingesperrt.

Hier brodelt es schon lange unter den kriegsmüden Marinesoldaten. Jetzt riskieren auch sie alles. Sie hissen auf den Kriegsschiffen die rote Fahne. Sie besetzen den Bahnhof. Immer mehr machen mit. Matrosen, Gewerkschafter, Sozialdemokraten, die Werftarbeiter mit Frauen und Kindern. Es ist der Auslöser der Novemberrevolution. Es ist der Anfang der Demokratie! Auch wenn diese erste nicht lange hält. Tausende ziehen am 3. November durch die Stadt, um die 47 Kameraden zu befreien. Kaisertreue Soldaten stellen sich ihnen in den Weg und schießen. Sieben Demonstranten sterben, 29 werden verletzt. Die Revolution ist jetzt nicht mehr aufzuhalten. Soldaten- und Arbeiterräte fordern Mitbestimmung und Demokratie. Am 9. November dankt Kaiser Wilhelm ab, in Berlin wird die Republik ausgerufen.

Den Mut der Matrosen würdigt Kiel lange nicht. Erst 1987 wird im Ratsdienergarten ein umstrittenes Denkmal aufgestellt. Drei Granitsäulen durchdringen rostige Stahlkörper. Es wird als das Ringen zweier starker Elemente interpretiert. 2013 benennt man einen Teil des Bahnhofsvorplatzes in »Platz der Kieler Matrosen« um.

Adresse Platz der Kieler Matrosen, 24103 Kiel-Vorstadt; Denkmal im Ratsdienergarten: Jensendamm, 24103 Kiel-Altstadt | **Anfahrt** Platz der Kieler Matrosen: am Hauptbahnhof; Ratsdienergarten: Bus 32, 33, 61, 62, Haltestelle Schlossgarten | **Tipp** Einen weiteren Platz der Matrosen findet man auf dem Nordfriedhof. Auf Grabfeld Z sind die toten Soldaten der Zusammenstöße vom November 1918 beerdigt. Vom Haupttor aus geradeaus und an der ersten Kreuzung links.

88__Der Schwertmann

Nicht nur Frauen fassen ihm gern an den Po

Man kann die Frauen, Mädchen wie Damen, wirklich verstehen. Dieser Po ist entzückend. Wirklich knackig. Durchtrainiert. Der ganze Kerl ist ja ein athletischer Typ. Da steht er nackt auf dem Rathausplatz, den Penis nur durch eine Gürtelschlaufe verhüllt. Aber den Po, den streckt er hin. Und da soll man nicht zugreifen? Nicht nur Frauen fassen da gern hin. Manchmal ist der Hintern auch durch Aufkleber geziert.

Es ist der Po des Schwertmanns. Adolf Brütt, einer der meist gefragten Bildhauer im deutschen Kaiserreich, hat die Bronzefigur gestaltet. »Schwertträger« wird sie auch genannt. Mit seinem muskulösen rechten Arm hält er senkrecht ein wuchtiges Schwert. Sonst steht er eigentlich ganz locker auf seinem Sockel am Rande des Platzes und schaut auf das Rathaus.

Früher war der Schwertmann Mittelpunkt einer zwölfeckigen Brunnenanlage im Zentrum des Platzes, der 1912 noch Neumarkt hieß. Er blickte auch, das Rathaus im Rücken, in die andere Richtung. Das Ensemble war der krönende Abschluss des Rathausbaus, der ein Jahr zuvor bezogen werden konnte. Der Brunnen wurde im Zweiten Weltkrieg zerstört. Aber der Schwertmann hat unbeschadet überlebt. Einige Jahre lag er im Rathaus-Hof, dann stand er vor dem Ratskeller.

Als Kiel 1972 zum zweiten Mal Olympiastadt war, als der Rathausplatz umgestaltet und in dessen Mitte eine kleine Olympiafackel hinter Glas platziert wurde, hat man den Schwertmann noch einmal verrückt. Noch etwas weiter weg von seiner Partnerin, der Schwerttänzerin, die kaum einer kennt. Auch sie ist von Brütt, auf der Pariser Weltausstellung hat man ihn dafür im Jahr 1900 mit einer Goldmedaille ausgezeichnet. Die Schwerttänzerin, zierlicher, steht im Rathaus in der ersten Etage. Weil sie schon oft entwaffnet wurde, ist ihr früheres Bronzeschwert jetzt aus Plastik. Einmal hat ein Scherzkeks der nackten Dame einen Rock übergezogen.

Adresse Rathausplatz, 24103 Kiel-Vorstadt | **Anfahrt** Bus 51, 71, 72, 100, 101, Haltestelle Rathaus/Opernhaus | **Tipp** Der Turm des Rathauses ist dem Glockenturm des Markusdoms in Venedig nachempfunden. In dem goldenen Ei auf der Turmspitze haben Arbeiter vor über hundert Jahren eine Botschaft versteckt: »Werter Leser! Wenn du diesen Zettel liest, so denk an uns längst verstorbene Freunde und kämpfende Proletarier für ein gleiches, direktes, geheimes und allgemeines Wahlrecht.«

89__Der Spielplatz der Zebras

Der THW Kiel triumphiert in alten Flugzeughangars

Ein Zu-null-Punkteverhältnis am Ende der Saison, das hat selbst der ewige Fußballsieger Bayern München noch nicht geschafft. 68:0! Den Handballern des THW Kiel gelingt das 2012. Deutscher Meister und im selben Jahr Pokalsieger und Gewinner der Champions League. Das Triple! Nicht zum ersten Mal, auch wie die Bayern. Man kann die Handball-Helden aus dem Norden also durchaus mit den süddeutschen Fußball-Göttern vergleichen. Und diese Mia-san-mia-Mentalität ist auch an der Küste auszumachen. Wenn der THW in der Sparkassen-Arena antritt, seinem Heimstadion, gibt es für die 10.285 Fans, die in die Halle passen, kein Halten mehr. Wenn die Handballer die Saison wieder erfolgreich beenden, liegen die Stadt und das Umland ihnen zu Füßen. Dann wickeln sich die Menschen schwarz-weiße Schals um den Hals und tragen sogar im Sommer schwarz-weiße Pudelmützen. Schwarz und weiß sind die Vereinsfarben des Clubs, einmal als Turnverein Hassee-Winterbek gegründet. Die Zebras werden die Handball-Stars deshalb genannt. Das Steppentier ist ihr Maskottchen.

Der Sparkassen-Arena, die früher Ostseehalle hieß, ist nicht mehr anzusehen, dass sie einmal aus dem Gerüst alter Flugzeughangars zusammengesetzt wurde, die nutzlos auf Sylt herumgestanden hatten. In das Stahlgerippe baute man eine Mehrzweckhalle ein. Rundumverglasung und Flügeldach prägen heute ihren Charakter. Gewaltige Entlüftungsrohre sind dominanter Blickfang. Unterm Dach der Arena hängt ein Trikot mit der Nummer 2. THW-Legende Magnus Wilander hat es einmal getragen. In 369 Bundesligaspielen warf er 1.371 Tore. Um Wilander zu ehren, wird die Nummer 2 nie mehr vergeben.

Wenn der THW nicht spielt, wird die Halle für Ausstellungen, Shows, Konzerte genutzt. Wladimir Klitschko hat hier geboxt. Frank Zappa flüchtete von der Bühne, als es Tampons regnete. Die Rolling Stones haben in der Nacht vor ihrem Auftritt ein Musik-Video gedreht.

Adresse Europaplatz 1, 24103 Kiel-Vorstadt, Tel. 0431/982100 | **Anfahrt** Bus 22, 31, 34, 100, 101, 300, 620, 621, 640, 830, 4630, 4810, Haltestelle Exerzierplatz | **Öffnungszeiten** zu den Veranstaltungen | **Tipp** Wo heute die Halle steht, war früher das Gängeviertel, Quartier armer Leute. Die Nationalsozialisten haben es zum Getto für die Kieler Juden gemacht. Von hier aus wurden sie nach Theresienstadt transportiert. Daran erinnert eine Stele an der Ecke Kleiner Kuhberg/Waisenhofstraße.

90 Die Tür des Kaisers

Nur für ihn wurde sie ein einziges Mal geöffnet

Die Tür ist wuchtig. Sie ist aus hellem, poliertem Holz mit 16 Facetten, mit Messing beschlagen. Man kann sie öffnen. Ungewöhnlich: den linken Flügel zuerst. Dann, wenn man in Bodennähe auch den rechten Flügel entriegelt, wäre Platz genug, um ein Klavier quer hindurchzurollen. Aber der Weg führt nicht weiter. Man steht vor einer Konstruktion aus Bauholz, schwarzer Folie und Dämmplatten, die aussieht, als hätte sie ein Möchtegern-Heimwerker gebastelt. Facetten haben die Türflügel auch auf der rückwärtigen Seite. Aber keine Klinke. Das Holz ist hier ganz dunkel. Die Tür ist vom Büro des Oberbürgermeisters aus zu öffnen. Man hat zwei niedrige Sessel davorgeschoben, mit schwarzem Leder bezogen, nicht die jüngsten. Eine karge Zimmerpflanze auf dem Glastisch. Eine kleine Lampe baumelt über diesem Arrangement vor der schönen Tür, fast ein Notlicht.

Nur ein einziges Mal wurde diese Tür durchschritten. Es war am 12. November 1911. Kaiser Wilhelm II. war zur Einweihung des Rathauses geladen. Vom Balkon über dem Hauptportal, der über das Büro des Oberbürgermeisters zu erreichen ist, wollte er das Volk grüßen. Aber kann man Ihrer Hoheit zumuten, dass sie das Dienstzimmer des Rathaus-Chefs durch dessen Vorzimmer betritt? Vorbei an Sekretärinnen und Akten? Der große Tag. Von der Rotunde im zweiten Obergeschoss betritt Wilhelm II. auf direktem Weg mit Gefolge das Dienstzimmer des damaligen Stadtoberhaupts Paul Fuß. Der Kaiser muss nicht durch das Vorzimmer gehen! Stadtschreiber berichten, dass die Flügeltür erst kurz vor diesem Besuch eigens für Ihre Majestät eingebaut worden sei. Gleich nach dem Besuch wurde sie zugemauert.

Heute hängt dort vom Wandelgang aus betrachtet rechts neben der Tür zum Sekretariat des Oberbürgermeisters ein Porträt des ersten deutschen Bundespräsidenten, Theodor Heuss. 128 mal 118 Zentimeter, Öl auf Leinwand. Heuss ist Ehrenbürger Kiels.

Adresse Fleethörn 9, 24103 Kiel-Vorstadt, Tel. 0431/9010 | **Anfahrt** Bus 51, 71, 72, 100, 101, Haltestelle Rathaus/Opernhaus | **Öffnungszeiten** des Rathauses Mo, Di, Do, Fr 8.30–13 Uhr, Do 14–16 Uhr | **Tipp** »Der Sinnende« und »Frierende Alte« heißen zwei kleine Figuren des Künstlers Ernst Barlach. An ihnen kommt man vorbei, wenn man wie Kaiser Wilhelm II. die Marmortreppe zur Rotunde hinaufsteigt.

91 — Die Kybernetiker

Ironisierung der Verwaltung

Anatol Herzfeld, der eigentlich Karl-Heinz Herzfeld heißt, ist ein Schüler des Künstlers Joseph Beuys. Gelernt hat Herzfeld Hufschmied. Danach war er 40 Jahre Verkehrspolizist, hat als Puppenspieler im Staatsdienst Generationen von Schülern begeistert. Das ließ ihm Zeit genug, nebenher an der Kunstakademie Düsseldorf zu studieren. Anatol, wie er genannt werden möchte, will wie sein Meister mit seiner Kunst Geschichten erzählen. Aber welche Geschichte erzählen uns seine zwölf rostigen Eisenmänner?

Die zwölf Kybernetiker, die Anatol zusammengeschweißt hat, stehen auf dem Gelände des GEOMAR-Forschungsinstituts, das am Ende des alten Seefischmarktes die Ozeane erkundet. In der Nähe der Bibliothek hat man die rostroten Kerle aufgestellt. Kybernetik ist eine interdisziplinäre Wissenschaft. Sie ermöglicht es, Probleme unterschiedlichster Bereiche mit denselben mathematischen Methoden zu lösen.

Jeder der Eisenmänner steht auf einem quadratischen Sockel, jeder trägt an seinem linken Arm einen rostigen Koffer, jeder hat in seiner Rechten einen Messstab, genau einen Meter lang. Jeder hat einen rostigen Zylinder auf dem Kopf. Alle richten ihren Blick starr auf das Wasser und den Horizont.

Amüsierend wirken die rostigen Kerle, meint der Kunsthistoriker Jens Rönnau. Skizzenhaft. Wie ein Zug von Menschen oder eine Reisegruppe. Oder wie ausdruckslose Menschen, die morgens mit Aktenköfferchen ihre Büros ansteuern. Man könne das als Ironisierung grauer Verwaltungsarbeit verstehen. Als die Skulptur aufgestellt wurde, warnte die damalige schleswig-holsteinische Kulturministerin Gisela Böhrk »vor totaler Erstarrung der Menschen in Folge eines einseitigen Gebrauchs instrumenteller Vernunft«. Vielleicht ein bisschen viel der Interpretation. Die zwölf rostigen Eisenmänner, so wie sie dastehen und auf die Kieler Förde schauen, sind einfach nur nett anzuschauen. Witzig.

Adresse Wischhofstraße 1–3, 24148 Kiel-Wellingdorf | Anfahrt Bus 11, 100, 102, 200, 201, 210, Haltestelle Seefischmarkt, GEOMAR ist ausgeschildert, am östlichen Ende der Kaimauer | Tipp Vor dem GEOMAR-Gebäude legt der Fördedampfer F2 an und ab, die Schwentinelinie. Sie ist die schnellste Verbindung über die Förde. Im Westen macht der Dampfer an der Reventloubrücke fest.

92__Die Tiefsee-Lupe

Sie fand die Toten von Flug AF 447

Es ist der 31. Mai 2009. Planmäßig hebt der Airbus 330 der Air France, Flug AF 447, vom Flughafen Antônio Carlos Jobim in Rio de Janeiro ab. Ziel: Paris, Airport Charles-de-Gaulle. Vier Stunden später: Über der Mitte des tropischen Atlantiks Turbulenzen. Die beiden Copiloten sind im Cockpit. Kapitän Marc Dubois kommt zwei Minuten und 50 Sekunden vor dem Absturz aus der Ruhephase zurück. Um 02.14 Uhr schreit Copilot David Robert: »Verdammt, wir werden aufschlagen. Scheiße, das ist nicht wahr!« Vier Sekunden später endet die Aufzeichnung des Stimmenrekorders. 228 Menschen, 216 Passagiere und zwölf Besatzungsmitglieder, sind tot.

Zwei Jahre später noch immer beklemmende Ungewissheit. Über der vermuteten Absturzstelle wird im April ein autonomes Unterwasserfahrzeug abgesenkt, ein AUV (Autonomous Underwater Vehicle). Eine Weiterentwicklung des Echolots, das Generationen zuvor – angespornt vom Untergang der Titanic – der Kieler Physiker Alexander Behm erfand. Das GEOMAR Helmholtz-Zentrum für Ozeanforschung hat den torpedoförmigen Roboter geschickt. Bis zu 20 Stunden kann das AUV in großer Tiefe dicht über dem Meeresboden nach Spuren suchen und taucht dann selbstständig wieder auf. Als er geborgen wird, hat der Roboter wichtige Daten an Bord. In 4.000 Metern Tiefe sind Teile des Rumpfes, der Tragflächen, der Triebwerke, des Fahrgestells gefunden. Auch Leichen.

Das Kieler AUV, fast bedeutungslos vor eine Ziegelwand im Foyer des GEOMAR-Haupteingangs am Seefischmarkt geschoben, kartografiert sonst wie mit der Lupe die Tiefsee. Bislang sind nur sieben Prozent der Weltmeere genau kartiert. Bis zu einer Tiefe von 6.000 Metern kann der vier Meter lange Roboter tauchen. Er vermisst Vulkane am Meeresboden, sucht nach Erzvorkommen. Er kann Objekte von der Größe eines kleinen Koffers erfassen. Deshalb war er so hilfreich bei der Untersuchung des Absturzes von Flug AF 447.

Adresse Wischhofstraße 1–3, 24148 Kiel-Wellingdorf, Tel. 0431/6000 | **Anfahrt** Bus 11, 100, 102, 200, 201, 210, Haltestelle Seefischmarkt | **Öffnungszeiten** Mo–Mi 7.30–16 Uhr, Do 7.30–15.30 Uhr, Fr 7.30–15 Uhr | **Tipp** In Sichtweite steht an der Schwentine-mündung die »Alte Mühle«, heute ein Restaurant. Die gusseisernen Säulen vermitteln einen Eindruck alter Industriearchitektur. Das Schwentinewasser hat hier einmal die Räder vieler Mühlen angetrieben (An der Holsatiamühle 8, 24149 Kiel-Neumühlen-Dietrichs-dorf, Tel. 0431/2059001, Öffnungszeiten: täglich 11.30–24 Uhr).

93 Andy Köpkes Rasen

Der beste Torwart der Welt startete in Kiel

Die norddeutschen Winde machen um das Kieler Holstein-Stadion keinen Bogen. Im November 1921 fegt ein Wirbelsturm das Dach der Holztribüne fort. 50 Jahre später richtet eine Windhose erneut verheerende Schäden an. Dazwischen zerstören die Bomben des Krieges das Stadion. Ein riesiger Krater klafft 1945 im Spielfeld, auch sonst liegt alles in Trümmern. An der Spielstätte des Vereins KSV Holstein ist immer gebaut, geflickt, nachgerüstet worden. Vorübergehend drohte sogar der Lizenzentzug. Die Kontrollgremien des Deutschen Fußball-Bundes (DFB) stuften das Stadion, das der Stadt gehört, als nicht mehr drittligatauglich ein. Zuletzt wurde 2009 umgebaut. Der DFB verlangte fernsehtaugliches Flutlicht. Seit einigen Jahren können »die Störche« den Rasen beheizen. Sanierungsstau herrscht trotzdem.

Das Maskottchen der Holstein-Kicker heißt »Stolle«, ist ein Storch. Wie die Fußballer zu ihrem Spitznamen gekommen sind, lässt sich nicht eindeutig klären. Man weiß von einem Clublokal »Zum Storchennest«, in dem man sich schon 1900 traf. Kann aber auch sein, dass der Dress der Sportler mit weißen Hosen und roten Stutzen die Fans an den Weißstorch erinnert. Der ist im Norden gern gesehen. Der Gewinn der Deutschen Meisterschaft 1912 war der größte sportliche Erfolg der »Störche«. Im DFB-Vereinspokal haben sie auf ihrem Rasen manchen Traditionsclub schon versenkt. Den VfB Stuttgart, Hannover 96, Hertha BSC. Auf diesem Grün ist Andreas Köpke groß geworden. Erst war er Rechtsaußen, dann schnell Torwart. Am 30. Mai 1980 hatte Köpke im Zweitliga-Spiel gegen Osnabrück seinen ersten Profieinsatz im Kasten. Die Kieler siegten 7:1.

72-mal stand Andy Köpke im Holstein-Tor. Dann zog er weiter. Viermal war er Deutschlands Torhüter des Jahres. 1996 wurde er Europameister und Welttorhüter des Jahres. Jetzt ist er Fußballweltmeister als Torwarttrainer der deutschen Nationalmannschaft.

Adresse Westring 51, 24106 Kiel-Wik, Tel. 0431/389024100 (Geschäftsstelle), 0431/31840040 (Fanshop) | **Anfahrt** Bus 91, 92, Haltestelle Am Stadion | **Öffnungszeiten** Do 12–18 Uhr, an Spieltagen in der Woche ab 14 Uhr, an Spieltagen Sa oder So ab 10 Uhr (Fanshop und Ticketcenter am Stadion) | **Tipp** Auf der anderen Seite des Westrings ist der Nordfriedhof auch Soldatenfriedhof. Auf fast 1.000 Grabsteinen stehen englische Namen. Namen sehr junger Männer.

94__Der Anscharpark

Im alten Lazarett richten sich Künstler ein

Pflanzen krochen durch Risse im Mauerwerk. Graffiti an den Wänden der Krankenhausflure. Putz von den Decken am Boden. Viele Fensterscheiben zerborsten. Nur wenige Jahre, nachdem die Universitätskliniken die etwa 20 Jugendstilgebäude des alten Marinelazaretts mit dekorativen Fassaden und Türmchen geräumt hatten, drohten diese zu verfallen. Bauzäune sicherten notdürftig die Häuser: »Betreten verboten! Akute Lebensgefahr!« Niemand hatte so viele Millionen, die eine Sanierung kosten wird. Nun ist Hoffnung.

Die Atelierhaus-Gesellschaft, zu der die Muthesius-Kunsthochschule oder die Heinrich-Böll-Stiftung gehören, hat den Anfang gemacht. Sie kaufte eines der Gebäude im Anscharpark und richtete es her als »Ort der Produktion und Präsentation zeitgenössischer Kunst«. Seit 2011 sind mehr als ein Dutzend Künstler aus den Bereichen Malerei und Grafik, Fotografie, Installation, Kommunikations- und Produktdesign eingezogen. Das Atelierhaus hat Impulsfunktion für die Entwicklung des Areals übernommen. Der Atelierhaus-Gesellschaft gehören inzwischen auch das alte Verwaltungsgebäude und Haus 3, wo operiert worden ist. Für sie gilt Bestandsschutz als Denkmal. Ebenso für Haus 7, das Absonderungshaus, hier waren Patienten mit ansteckenden Krankheiten untergebracht. Pläne gibt es für eine Kindertagesstätte, für ein Hotel, für noch mehr Ateliers und ein Café in der alten Leichenhalle. Vier Wohnungsbaugenossenschaften werden 150 Mietwohnungen in andere Gebäude einziehen, oder – wenn diese doch abgerissen werden müssen – neue errichten. Moderner Stil soll diese deutlich abheben vom historischen Bestand.

Aufregung gab es 2013 um den Anscharpark, als in der verlassenen Neurochirurgie im Schutt Kisten voller menschlicher Gewebeproben gefunden wurden, zu denen das Gesetz vorschreibt, sie zehn Jahre aufzuheben. Man habe das »Material« schlichtweg vergessen, sagte der Klinikumssprecher.

Adresse Anscharpark/Heiligendammer Straße, 24106 Kiel-Wik, Tel. 0431/30034027 (Atelierhaus) | **Anfahrt** Bus 6, 32, 92, Haltestelle Petruskirche | **Öffnungszeiten** während der Ausstellungen im Atelierhaus: Do–Fr 15–18 Uhr, Sa–So 14–18 Uhr, das Gelände ist jederzeit frei zugänglich | **Tipp** Die Petruskirche gegenüber an der Weimarer Straße gilt als bedeutendster Sakralbau Kiels. Der offene Dachstuhl der alten Garnisonskirche erinnert an einen umgedrehten Schiffsrumpf.

95_An Deck der Gorch Fock
Das Schulschiff ist Deutschlands schöne Diplomatin

Ganz schön aufgetakelt, die Lady? Nicht, wenn sie im Hafen liegt, aber wenn sie durch die Weltmeere pflügt und Wind ihre 23 Segel bläht. Geliftet ist sie auch, schließlich ist sie Baujahr 1958. Für zehn Millionen Euro hat man sie überholt, mit digitalen Radargeräten und elektronischen Seekarten ausgerüstet. Auch abgetakelt ist die Gorch Fock elegant. Kiel ist der Heimathafen des Segelschulschiffs der Deutschen Marine. Wenn es nicht auf Trainingsfahrt ist, liegt der Dreimaster mit weißem Rumpf und einem Albatros als Galionsfigur an der Tirpitzmole. Am besten von der Kiellinie aus zu sehen. Näher kommt man nur während der Kieler Woche heran, der Hafen ist militärisches Sperrgebiet.

Bis zu 230 Personen Besatzung hat das Schiff, ein Meteorologe und ein Schiffsarzt gehören dazu. Der größere Teil sind Frauen und Männer, die Offiziere werden wollen. Sie sollen während der Reisen lernen, was Teamwork bedeutet: »in einem Boot sitzen«, »an einem Strang ziehen«. Viel Arbeit muss von Hand gemacht werden. Allein 30 Kadetten braucht man, um die Segel zu setzen. Vier, um das Ruder zu halten. 90, um die schweren Beiboote an Bord zu hieven. Setzt der Koch ein Gericht mit Kartoffeln auf den Speiseplan, sind zehn der Offiziersanwärter mit dem Schälen beschäftigt. Ganz ungefährlich ist das Training nicht. Vor einigen Jahren ertrank eine Kadettin in der Nordsee. Kurz darauf stürzte eine andere 27 Meter tief aus der Takelage in den Tod. Von einer Meuterei auf der Gorch Fock war danach zu lesen. Die Ausbildung wurde unterbrochen. Sie sei mit neuem Konzept jetzt sicherer, sagt die Marine.

Das Schiff, benannt nach dem Mundart-Dichter Gorch Fock, ist auch Deutschlands schöne Diplomatin. Als Botschafterin des Friedens lief sie 1988 den Hafen von Haifa an – erstmals betraten deutsche Soldaten israelischen Boden. Fast immer führt sie die Windjammer-Parade während der Kieler Woche an.

orch Focl

Adresse Kiellinie Höhe Sporthafen Wik, 24105 Kiel-Wik | **Anfahrt** Bus 32, 33, Halte-stelle Homannstraße oder Bus 41, 42, Haltestelle Bellevue; Fördedampfer F 1, Anlegestelle Bellevuebrücke | **Öffnungszeiten** unregelmäßige Liegezeiten, Besichtigung an Deck mög-lich am Open-Ship-Tag während der Kieler Woche | **Tipp** Zweieinhalb Meter dick sind die Wände des Flandernbunkers gegenüber dem Haupttor des Tirpitzhafens. Der Bunker ist Teil eines »Kriegszeugenprojekts«, soll an den Faschismus erinnern. Der Betonwürfel wird als Veranstaltungsort genutzt.

96 Die Lokomobile

Zwölf Jahre Restaurationsarbeiten

Das Atmen eines Otto-Motors beim Anlassen. Das Auf und Ab der Ventilstößel eines laufenden U-Boot-Diesels. Das Zischen der Spielzeugdampfmaschine, die vor hundert Jahren unterm Weihnachtsbaum stand. Oder nur der reine Geruch von Öl und Kraftstoff. In drei Gebäuden des ehemaligen Kieler Gaswerks wird alte Maschinenbautechnik mit ungezählten Pferdestärken lebendig. Die Sprache der Maschinen – auch wenn man sie nicht versteht, man kann sie doch hören. Fast alle der Ausstellungsstücke haben zwei Sammler wieder funktionstüchtig machen können. Sie sind nicht hinter Glas versteckt, mit einem Messingschildchen versehen. Man darf sie anfassen. Die Gründer des Maschinenmuseums wollen Technik be-greif-bar machen.

Aber was ist eine Dampf-Lokomobile? Entfernt verwandt mit einer Lokomotive, könnte man sagen. Sie war aber nicht für den Einsatz auf Schienen bestimmt. Auf ihren Stahlrädern konnte sie auch gar nicht selbst fahren, sondern musste gezogen werden. Sie war einfach eine mobile Dampfmaschine. Die letzten Lokomobilen wurden 1954 in Magdeburg für Afrika und Brasilien gebaut. Sie sollten dort bei der Rodung von Wald Sägeblätter antreiben. Beheizt wurden die Maschinen mit dem ohnehin anfallenden Abfallholz.

Eines dieser seltenen Exemplare haben Peter Horter und Frank Stobbe, zwei von Maschinen begeisterte Kieler, vor langer Zeit in einer stillgelegten Fabrik gefunden. Baunummer 80211. Eine der letzten Dampf-Lokomobilen, welche die Firma Buckau Wolf als Kleinserie aufgelegt hat. Horter und Stobbe haben sie in zwölf Jahren Arbeit wieder flottgemacht. 7.000 Arbeitsstunden! Die Rekonstruktion fehlender Bauteile beanspruchte Zeit. Der TÜV hat die Maschine zugelassen. Keine Beanstandungen. Keine Einschränkungen. Manchmal schleppen die Männer ihre Lokomobile ins Freie, klappen den Schornstein hoch und heizen ihr ein. Sie macht mächtig Dampf und richtig Krach.

Adresse Am Kiel-Kanal 44, 24106 Kiel-Wik, Tel. 0431/5943450 | **Anfahrt** Bus 11,
Haltestelle Auberg, Bus 33, 91, 501, 502, 900, 901, Haltestelle Schleusenstraße | **Öffnungs-
zeiten** Mo–Fr 10–16 Uhr, 3. So im Monat 11–17 Uhr | **Tipp** Ein Fußweg führt hinunter
zur Uferstraße. Von einer Aussichtsplattform hat man eingeschränkten Einblick in die
südliche Schleusenkammer des Nord-Ostsee-Kanals.

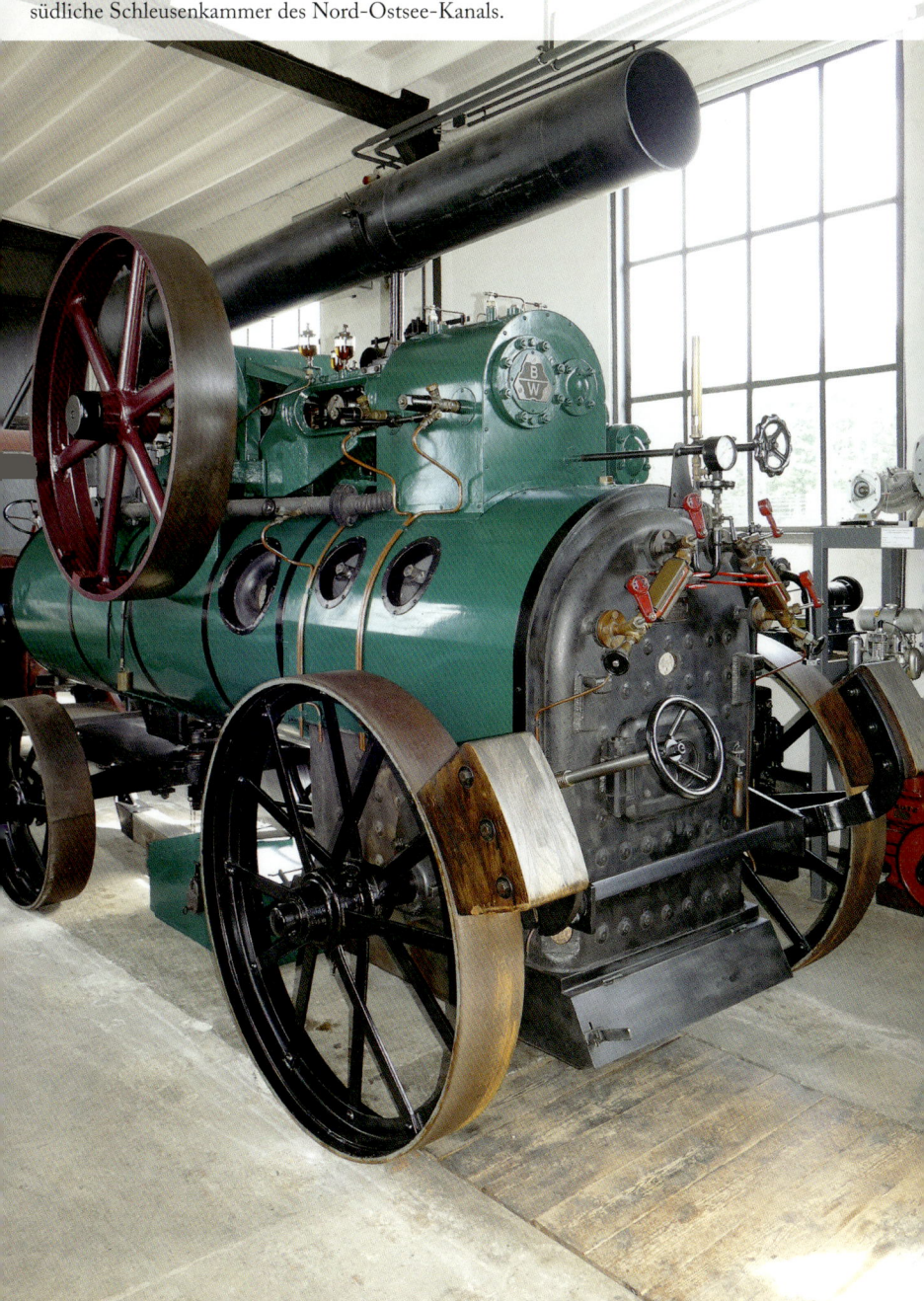

97__Das Matrosenklo

Wie Objekt »Hafen 77« zu seinem zweiten Namen kam

Wenn die Matrosen der Deutschen Marine nach einem Einsatz auf See wieder im Tirpitzhafen am Westufer der Kieler Förde festmachen, dann haben sie Lust, sich zu vergnügen. Und Bewegung schadet auch nicht nach langer Fahrt auf den engen Kähnen. Vier Kilometer sind es von hier am Ufer entlang bis zur Flämischen Straße in der Innenstadt. Dort haben die Damen des Rotlichtmilieus ihre Zimmer. Wie sich das für eine Hafenstadt gehört: mit Meerblick. Natürlich trinken die Seeleute auch einen über den Durst, und dann kann der Fußweg zurück bis zur Unterkunft doch recht lang werden. Eine Toilette ist nicht in Reichweite, aber links, vor einer Wiese, steht ein merkwürdiges, rostiges Objekt. Eine Chance, sich zu erleichtern. Dann wird man die letzten 500 Meter bis zum Marinestützpunkt schon unbeschadet schaffen.

Matrosenklo wird die Rost-Skulptur deshalb auch genannt, eigentlich heißt sie »Hafen 77«. Der Schweizer Künstler Felix Fehlmann hat sie gefertigt. Die Plastik ist ein Geschenk des schwedischen Schiffseigentümers Sten Allan Olsson, Gründer der Reederei Stena Line, deren Fähren täglich seit 1967 von Kiel nach Göteborg pendeln. Olsson wollte sich zum Zehnjährigen für die Zusammenarbeit mit Kiel bedanken und ein Kunstwerk stiften. Er schrieb an den Oberbürgermeister: »Es wäre uns eine Ehre, wenn die Stadt Kiel dieses Geschenk annehmen möchte.«

Schön muss man die Skulptur nicht finden, aber vielleicht interessant. Die rostigen Stahlplatten, die Felix Fehlmann miteinander verschweißte, zeigen in verschiedene Richtungen. Das soll Weltoffenheit andeuten. Taue führen zu Pollern. Sie sollen einen Hafen symbolisieren. Den Stahl hat sich der Bildhauer von dem britischen Kohlefrachter »Highlandstreamer« besorgt, als dieser abgewrackt wurde.

Seit 2011 wird das Kunstwerk nachts beleuchtet. Seither nutzen die Matrosen das Objekt »Hafen 77« nicht mehr so oft.

98 Die Schleusen-Loge

Beim Drink den dicken Pötten zuschauen

Die Menschen haben Ferngläser dabei. Oder Fotoapparate. Manchen reicht das Handy. Wer Zeit hat, kommt früh. Viele sind am Nachmittag und am frühen Abend hier. Singles, Paare. Mehr Ältere als Junge. Am Tresen des Cafés »Förde- & Kanalblick« holen sie sich ein Flens, einen Piccolo, eine Bionade. Setzen sich wie aufgereiht auf Bierbänke und Stühle. Alle schauen in dieselbe Richtung. Nach rechts auf die Außenförde. Von dorther steuern große und kleine Schiffe die Schleuse des Nord-Ostsee-Kanals an. Nach links auf die Schleusenkammern, wo Stückgutfrachter, Tankschiffe, die roten Autotransporter der Reederei Kess auf die Ausfahrt warten.

Geredet wird nicht viel. Bestenfalls: »Fährt der schon?« – »Der fährt nicht.« Das Schleusentor ist zur Seite gerollt, der Bug des Ozeanriesen wirkt jetzt noch bulliger, die armdicken Leinen sind losgemacht. Die Seitenpropeller, ihr Wirbeln im Wasser, sind jetzt lauter zu hören. Der Koloss drückt sich Zentimeter um Zentimeter von der Kaimauer weg – »Jetzt fährt er!« – und schiebt sich in die Fahrrinne der Förde. Vorbei an dem Kahn, der bald in die Schleusenkammer manövrieren wird. Die Schleusung eines Schiffes kann eine halbe Stunde dauern. Dazwischen passiert nichts. Man genießt gerade das. Es ist ruhig wie in einem Theater. Man wartet auf den nächsten Akt. Beobachtet mit dem Fernrohr das Treiben auf dem Holtenauer Tiessenkai gegenüber. Schaut wieder nach rechts, wo hinterm Friedrichsorter Leuchtturm das nächste Dickschiff zu erkennen ist. »Wo gemeldet?« – »Polen. Polen Handelsflotte.« Wer den Unterschied nicht kennt, kann am Flaggen-Tableau des Kiosks nachsehen.

Hinter den Logenplätzen parken Wohnmobile vor Schotterbergen im Scheerhafen. Schleusenblick ist etwas teurer als Fördeblick. Manche Camper reisen nur wegen dieser Aussicht an. Die anderen, die Logenplatz-Inhaber, kommen oft mehrmals die Woche. Man kennt sich, ist eine Familie.

Adresse Mecklenburger Straße 58, 24106 Kiel-Wik, Tel. 0431/3890850 | **Anfahrt** Bus 11, Haltestelle Wik/Kanal, von hier die Uferstraße entlang Richtung Osten bis zur Mecklenburger Straße, hier links, dann rechts, insgesamt 1.200 Meter | **Öffnungszeiten** ganzjährig, im Sommer Mo–Sa 8–19.30 Uhr, So 9–19.30 Uhr, Herbst und Winter bis Sonnenuntergang | **Tipp** Für Fotografen: Von der Schleusen-Loge aus immer geradeaus über den Kanalwanderweg am südlichen Ufer des Nord-Ostsee-Kanals entlang. Von dieser Seite leuchtet die Sonne die Schiffe besser aus.

99__Der Leuchtturm im Meer

Von hier aus starten die Lotsen

Schon dreimal hat man die Novelle »Das Feuerschiff« verfilmt. Mit Dieter Borsche, Klaus Maria Brandauer, Jan Fedder und auch fürs amerikanische Kino. In der Geschichte erzählt Siegfried Lenz, wie der Kapitän des Feuerschiffs, das in der Ostsee vor Anker liegt, sich gegen die Gangster wehrt, die er als Schiffbrüchige an Bord genommen hat. Sie verlangen, dass er sie an Land bringt. Kapitän Johann Freytag weigert sich. Er muss das Feuerschiff auf Position halten, um die Schifffahrt nicht zu gefährden. Mit einem Bauchschuss wird der wehrhafte Seemann niedergestreckt.

Ein solches Schiff, Orientierungspunkt für Seeleute, war 16 Kilometer vor der Einfahrt in den Nord-Ostsee-Kanal auch in der Kieler Bucht stationiert. Bis im Juli 1967 der Kieler Leuchtturm in Betrieb ging. Mitten im Meer. Sein Bau war hohe Ingenieurskunst. Im Badeörtchen Heikendorf hatte man Betonfundamente gebaut, diese aufs Meer geschleppt, mit Sand befüllt und auf den Zentimeter genau versenkt. Der Turm darauf, 33 Meter hoch, ist aus Aluminium gefertigt. Sein Leuchtfeuer wird heute von Computern in Travemünde gesteuert, die Plattform ist außerdem Lotsenversetzstation. Kein Schiff, das länger als 90 oder breiter als 13 Meter ist oder gefährliche Güter transportiert, darf ohne Lotsen die Förde und den Nord-Ostsee-Kanal befahren. »Kiel Pilot, bitte kommen!«, viele Seemeilen vorher funken die Kapitäne die Station an. 1.000 PS schnelle Boote bringen vom Turm aus die Lotsen an Bord, die nun den Steuermann beraten. Auslaufende Schiffe setzen den Lotsen kurz hinterm Leuchtturm auch wieder ab.

Von Land aus kann man den Turm nur bei klarer Sicht gut erkennen. Aber von den Häfen Laboe und Strande aus startet der Wasseromnibus Feodora zur »Frachtersafari« und umrundet den Leuchtturm. Kapitän und Reeder Alexander Klein erklärt dabei Seezeichen, Schiffe und Schifffahrtswege. Hinterbliebene nutzen die Touren, um ihren auf See bestatteten Angehörigen nahe zu sein.

Adresse Hafen Laboe, 24235 Laboe, Hafen Strande, 24229 Strande, Tel. 0172/4516791
(Schiffstelefon) | **Anfahrt** Laboe: Bus 100, 512 S, 705, Haltestelle Laboe Hafen; Strande:
Bus 33, 501, 502, 512 S, 901, 902, Haltestelle Strande; die Feodora fährt Mai–Juni und im
Sept. jeden Mi, im Juli und Aug. Di–Mi, ab Laboe 13.45 Uhr, ab Strande 14.15 Uhr |
Tipp Im Hafen von Heikendorf liegt das Feuerschiff Læsø Rende, 1887 aus Eichenholz
gebaut. Es gilt als das älteste erhaltene Feuerschiff der Welt. Der Yacht-Club nutzt es als
Vereinsheim.

100 Die meeresbiologische Station

Mit der Forschungsbarkasse hinaus aufs Meer

Vielleicht sind Seenadeln, Seestichlinge, Seesterne dabei. Sicherlich Garnelen, Muscheln, ein Krebs. Wenn es ein guter Fang ist, ein Seeskorpion. Fast war der Raubfisch ausgestorben. Jetzt vermehrt er sich wieder. Meeresbiologe Karl Deutschmann kippt seine Beute in einen Bottich mit Wasser, erklärt die Lebensweise der Tiere. Vorher hat Kapitän Fietje mit der zwölf Meter großen Forschungsbarkasse »Sagitta« eine Runde auf der Förde gedreht, dabei ein Bodennetz über den Grund gezogen. Nach kurzem Schürfen wird der Fang an Deck geholt. Ist er ausreichend analysiert, verschwindet er wieder im Meer. Die Forschungsfahrt ist auch für Erwachsene ein kleines Abenteuer.

Im Hafen von Laboe hat die »Sagitta« ihren Liegeplatz. Dort, wo das Büro des Hafenmeisters ist. Am nördlichen Ende des Badestrandes betreibt Karl Deutschmann seine private meeresbiologische Station. Die 30 Aquarien bieten einen tiefgehenden Einblick in die Unterwasserwelt der Ostsee und des Kattegats, den Arm der Ostsee zwischen Dänemark und Schweden. Dort beträgt der Salzgehalt 30 Gramm pro Liter Wasser, in der Kieler Förde sind es nur 15 Gramm. So unterschiedlich ist die Salzkonzentration in den Aquarien auch. Deutschmann und andere Biologen erklären, warum die platte Scholle erst wie ein ganz normaler Fisch aussieht und schwimmt, wenige Wochen nach dem Schlüpfen aber auf die linke Seite kippt. Wobei das linke Auge hinüber zum rechten wandert. Ein Bassin mit Plastikflaschen, Cola-Dosen, Turnschuhen zeigen sie auch. Müll aus dem Meer.

Die Station liegt im Naturerlebnisraum Dünenlandschaft. Man kann erkennen, wie das Meer das Gelände verändert. Erst hat es vor dem Ufer eine Sandbank gebaut, dann ist daraus eine Lagune geworden, die nun verlandet. Erlen wachsen, wo früher Strand war.

SAGITTA
LABOE

Adresse Strand 1, 24235 Laboe, Tel. 0160/96760297 | **Anfahrt** Bus 100, 512 S, 705, Haltestelle Laboe Hafen, am Ende der Uferpromenade 300 Meter Fußweg im Sand (ausgeschildert); Mitte Mai–Sept. Förderfährlinie F 1, Anleger Laboe | **Öffnungszeiten** Station: April–Okt. Di–So 11–18 Uhr, Nov.–März Do–So 11–18 Uhr; Forschungsfahrten auf Anfrage | **Tipp** Mit Tapas den Sonnenuntergang genießen kann man im nahen Strandbistro El Meson Playa, An der Au 4 (Tel. 04343/4940495; Öffnungszeiten: April–Okt. Mo–Fr 12–23 Uhr, Sa–So 10–22 Uhr).

101 Das Museum zum Kriechen

Das Unterseeboot soll Mahnmal sein für Frieden

Von 40.000 deutschen U-Boot-Fahrern sind im Zweiten Weltkrieg 30.000 nicht zurückgekommen. Jugendliche darunter. Wer überlebt hat, war oft traumatisiert. Wie schlimm für die Soldaten der Einsatz in den schwimmenden Särgen war, kann gut nachvollziehen, wer U995 besichtigt. Als Museum liegt das Unterseeboot im Sand am nördlichen Strandende von Laboe. Den Krieg will man damit nicht verherrlichen. Es soll Mahnmal sein für Frieden.

Man stelle sich vor, die Luken sind geschlossen. Das Boot ist hundert Meter tief unter Wasser. Das ist schon bedrohlich genug. Dazu noch die Angst, selbst von einer Wasserbombe versenkt zu werden. Eng ist es in U995, der Durchmesser des Innenraums misst nur 470 Zentimeter. 67 Meter ist das U-Boot lang. Manchmal hilft nur kriechen. In dieser Konservendose mussten 50 Besatzungsmitglieder wochenlang miteinander auskommen. Kein eigenes Bett, die unteren Dienstgrade wechselten sich ab in der Koje. Direkt unter ihnen lagerten die Torpedos. Die Männer schliefen auf diesen tödlichen Waffen!

Auf der anderen Seite der Strandstraße steht das Marine-Ehrenmal, mit 72 Metern weit sichtbares Wahrzeichen Laboes. Manche sagen, hier würden die deutschen Marinesoldaten der Weltkriege als Helden bejubelt. Das Denkmal ist aber den »auf See Gebliebenen aller Nationen« gewidmet, soll zum Nachdenken über die Geschichte anregen. Eine düstere, unterirdische Halle ist zentraler Ort des Gedenkens im Ehrenmal. Auch für die 25-jährige Offiziersanwärterin Sarah Seele, die im November 2010 aus der Takelage des Segelschulschiffes Gorch Fock in den Tod stürzte, wird hier gebetet. Über 385 Stufen oder mit einem der Aufzüge geht es auf die Turmspitze. Grandioser Ausblick über die Förde, die Kieler Bucht und das Hinterland, die Probstei. Bei klarer Sicht kann man die dänischen Inseln Ærø und Langeland erkennen, die Ferieninsel Fehmarn. Tief unten liegt U995.

Adresse Strandstraße 92, 24235 Laboe, Tel. 04343/49484930 | **Anfahrt** Bus 100, 512 S, 705, Haltestelle Laboe Hafen, am Ende der Uferpromenade; Mitte Mai–Sept. Förderfähr- linie F 1, Anleger Laboe | **Öffnungszeiten** Nov.–Febr. täglich 10–16 Uhr, März, Okt. 9.30–17 Uhr, April–Mai 9–18 Uhr, Juni–Sept. 9–19 Uhr | **Tipp** Ein weiteres U-Boot- Ehrenmal findet man etwas südlich in Möltenort an der Uferpromenade. Ein mächtiger Adler thront auf roten Sandsteinquadern. Ein wuchtiges Hakenkreuz wurde vier Jahre nach Kriegsende entfernt.

102_ Der neue Hafen

Startplatz für Törns in die Dänische Südsee

Im Halbrund geschwungene, steinerne Sitzmöbel. LED-Laternen. Die Mole erneuert, der hölzerne Rundum-Steg erweitert und tiefergelegt. Beste Strom- und Wasserversorgung nun für die Segler. Maritime Kinderspielplätze. Viel Plattenbelag, viel Edelstahl, leider wenig Grün. Man hat sich in Laboe nicht ausgeruht auf dem Etikett, der Hafenort mit der größten Attraktivität für Urlauber zu sein. 23 Prozent Plus im Vergleich mit den Jahren zuvor. Das war für Laboe nur Ansporn. Millionen Euro wurden verbaut, um das Hafenumfeld in einen Erlebnispark, eine Wasserpromenade umzugestalten. Die bronzene Schiffsschraube, die man von einem in der Kieler Bucht gesunkenen Schiff geborgen hat, kommt jetzt auch endlich zur Geltung. Sehenswert!

Breiter Strand. Feiner weißer Sand. Seichtes Wasser und Sandbänke, auf denen man herumtollen kann. Laboe am rechten Ende der Kieler Förde ist als Familienbadeort beliebt. Wer Sandburgenbauer ist, kann hier ein Königreich errichten. Viele sagen, Laboes alter und nun runderneuerter Hafen sei einer der schönsten an der Ostsee. Eine zweite Marina »Baltic Bay« hat man ein paar hundert Meter südlich angelegt. In beiden Häfen haben über 700 Boote Platz. Laboe gilt als bester Startplatz für Törns in die Dänische Südsee.

Wer am Strand liegt oder buddelt, sieht ganz dicht die Schiffe aus fernen Ländern. Die Containerfrachter, die Traumschiffe, die historischen Segler. Pünktlich eine Viertelstunde vor drei Uhr nachmittags passieren die Color Magic oder die Color Fantasy auf ihrer Fahrt nach Norwegen. Auch bei schlechtem Wetter kann man im Warmen mit Ostseeblick baden: Am Strand steht eine verglaste Meerwasserschwimmhalle. Das Wasser kommt direkt aus der Förde, wird gereinigt und auf 28 Grad Celsius erwärmt. Die Fischküche, vorher schon eine Institution, ist im neuen Ambiente zum dominierenden Hafenrestaurant geadelt. Mit Selbstbedienung, aber die lohnt sich.

Adresse Börn 2, 24235 Laboe, Tel. 04343/427556 (Hafenmeister) | **Anfahrt** Bus 100, 512 S, 705, Haltestelle Laboe Hafen; Mitte Mai – Sept. Förderfährlinie F 1, Anleger Laboe | **Tipp** Der Hafen ist Liegeplatz der Gefion, ein bald hundert Jahre altes Segelschiff, ein sogenannter Haikutter. Ob für zwei Stunden, für einen Tag oder eine Woche – der Zweimaster startet regelmäßig zu neuen Touren (Tel. 0172/5109307).

103_Der Seenot-Simulator

Jeder darf sich als Retter versuchen

»Mayday! Mayday!« Der Funker der Fähre Johannes Pevelius hat den Notruf abgesetzt. Im Laderaum sind bei schwerer See Eisenbahnwaggons verrutscht. Das Schiff droht über Steuerbord zu kentern. Im Hafen ist der Seenotrettungskreuzer Harro Koebke startklar. Alle Mann an Bord! Der Vormann startet die Maschine, verlässt mit gedrosselter Kraft den Hafen. Eine Hand am Ruder, die Rechte am Power-Hebel, muss er aufpassen, dass das Heck des Kreuzers nicht die Kaikante küsst. Der Orkan peitscht den Regen gegen die Fenster der Brücke. Nun volle Kraft voraus und dabei Ausschau halten nach dem Havaristen. Meterhohe Wellenberge schlagen gegen den Bug, der Funkverkehr rauscht. Da vorn! Das brodelnde Meer wirft die Johannes Pevelius hin und her. Menschen in Schwimmwesten treiben im Wasser. Jetzt die Fahrt drosseln, versuchen, längsseits zu gehen. Krachend rammt der Kreuzer die Fähre. Aus! Alles vorbei!

Passiert ist aber nichts. Der drohende Untergang der Fähre ist als Computerprogramm auf dem Seenotkreuzer-Fahrsimulator hinterlegt. Diese Rettungsaktion ist zwar gescheitert, aber vielleicht sollte man es als Anfänger mit ruhigeren Features versuchen. Bei Sonne und spiegelglatter See. Und dann den Fischer unterstützen, dessen Netz sich in der Kutterschraube verfangen hat. Den Seglern zu Hilfe eilen, deren Yacht in Flammen steht. Jeder kann das ausprobieren, das Steuer und den Fahrthebel dabei tatsächlich bewegen, auf dem Bildschirm den Erfolg seines Bemühens verfolgen. Das Training ist kostenlos.

Der Fahrsimulator ist das Herzstück des neuen Informationszentrums der Deutschen Gesellschaft zur Rettung Schiffbrüchiger im Hafen von Laboe. In Sichtweite liegen an der Südmole der Seenotkreuzer »Berlin« und sein Tochterboot »Steppke«. Die Seenotretter haben schon mehr als 82.000 Menschen aus gefährlichen Situationen befreit. Gegründet wurde der Rettungsdienst 1865 in Kiel.

Adresse Hafenstraße 4, 24235 Laboe, Tel. 04343/4242644 | **Anfahrt** Bus 100, 512 S, 705, Haltestelle Laboe Hafen; Mitte Mai–Sept. Förderfährlinie F 1, Anleger Laboe | **Öffnungszeiten** Mo–Do 10–17 Uhr, Fr 10–16 Uhr, Sa, So auf Anfrage | **Tipp** Das »Lachmöven-Theater« ist eine Plattdeutsch-Bühne im Kurpark, Katztbek 4 (Tel. 04343/4946440).

104__Das Haus des Walfängers

Die Meeresriesen haben ihn reich gemacht

Als Kapitän Lorens Peter Hahn starb, stiegen die vier Töchter in den Keller des Elternhauses. Sie fanden einen Raum, »angefüllt mit Silbergeld«. Dass der Walfänger kein armer Mann war, machen allein die Größe des Anwesens und seine Inneneinrichtung deutlich. Die Deckengemälde zeigen christliche Motive und idyllische Sommerlandschaften. Heimatforscher erklären das so: Nach seiner Kindheit erlebte Lorens Petersen Hahn fast nur Winter. Im Februar brachen die Walfänger ins Polarmeer auf, im November kehrten sie zurück – wenn sie die gefährliche Jagd nach den Walen überlebt hatten. Dann war es hier schon wieder kalt. Deshalb hat Lorens Petersen Hahn sich die Deckenbilder malen lassen, um wenigstens ein bisschen Sommer zu haben. Zwei mächtige Unterkiefer eines Wals stehen vor dem Gebäude.

Das Haus des Käpt'ns ist eine Rekonstruktion, das Interieur ist im Original erhalten. Solch ein prachtvolles Zuhause hat Lorens Peter Hahn auf Sylt besessen. Er war der erfolgreichste Walfänger der Insel. Erst mit 67 Jahren setzte er sich zur Ruhe, bis dahin hatte er 169 Wale erbeutet. Jedes Tier war Tausende Taler wert. Aus dem Speck ließen sich 17.000 Liter Tran als Brennstoff für die Straßenlaternen der Großstädte gewinnen. Die Barten, die Hornplatten des Oberkiefers, konnte man als Korsettstangen gebrauchen. Lorens Peter Hahn war damals der reichste Mann der Insel.

Sein Haus steht im Schleswig-Holsteinischen Freilichtmuseum in Molfsee am Stadtrand von Kiel. 70 historische Gebäude hat man zwischen Nord- und Ostsee abgebaut und hier wieder errichtet. Sie sind mit den Möbeln und dem Hausrat von früher ausgestattet. Ein Armenhaus ist darunter. Die 80 Quadratmeter Wohnfläche mussten sich zweiweise bis zu 45 Menschen teilen – das waren weniger als zwei Quadratmeter pro Person! Weil Türen fehlten, wurden die Räume mit Kreidestrichen am Boden unter den Familien aufgeteilt.

Adresse Hamburger Landstraße 97, 24113 Molfsee, Tel. 0431/659660 | **Anfahrt** Bus 501, 502, 503, 520, 521, 620, 4540, 4610, Haltestelle Freilichtmuseum; mit dem Pkw von der B 404 über Neue Hamburger Straße und Hamburger Chaussee, im Kreisverkehr scharf rechts in die Hamburger Landstraße, rechts großer Parkplatz (kostenfrei) | **Öffnungszeiten** Ende März–Okt. täglich 9–18 Uhr, Nov.–März So 11–16 Uhr | **Tipp** Ein schöner Wanderweg führt entlang des Flüsschens Eider im Molfseer Ortsteil Schulensee. Start am »Eiderkrug«.

105__Die Rastorfer Mühle
Romantische Spiegeleien im Fluss

Die gefährdeten Pech- und Smaragdlibellen sind hier zu Hause. Auch die Gebänderte Prachtlibelle. Ihre Larven brauchen sauberes Wasser, hier ist geeigneter Lebensraum. Wo sich westlich des Rosensees an einem Wehr zwischen Steilhängen das Flüsschen Schwentine staut, wo umgestürzte Baumriesen ins Wasser ragen und Wasserspiegelungen romantischen Zauber verbreiten, wo der Eisvogel brütet und die Wasseramsel überwintert – das ist die Rastorfer Mühle.

Die großen Mühlenbetriebe, die Kornmühle und eine Papiermühle, existieren nicht mehr. Der Name Rastorfer Mühle steht für ein naturbelassenes Erholungsgebiet. Eine Fischtreppe am Wehr macht es Meerforellen leichter, aus der Ostsee in den Oberlauf der Schwentine zu gelangen, um dort ihre Eier zu legen. Die Howaldt'sche Villa steht noch, der Werftgründer Bernhard Howaldt hat sie renovieren lassen (Rastorfer Mühle 8). Er hat auch die Scheune gegenüber mit dem gewölbten Satteldach gebaut. Zwei Wasserkraftwerke haben Bernhard Howaldt und sein Sohn Anfang des vergangenen Jahrhunderts hier errichtet. Sie sind als Industriedenkmale geschützt, liefern noch immer Strom. Die Stadtwerke Kiel kümmern sich um ihren Erhalt. Auf einer Gedenktafel erinnern die Bewohner des Städtchens Schwentinental daran, dass im Lager Rastorfer Mühle im Zweiten Weltkrieg Zwangsarbeiter untergebracht waren, die auf den Werften schuften mussten.

Die Schwentine, die dem Bungsberg entspringt, dem höchsten Punkt Schleswig-Holsteins (167 Meter), schlängelt sich von hier weiter Richtung Kiel. Zwischen den Stadtteilen Neumühlen-Dietrichsdorf und Wellingdorf mündet sie in die Förde. Im Unterlauf ist das Flüsschen ruhiger, die Oberfläche des Wassers glatt, man sieht kaum, dass es sich bewegt. Es geht vorbei an weißen und gelben Seerosenfeldern, an ausgedehnten Flächen, wo Reet wächst. Von Kiel aus kann man den Dschungel mit Kanus und Ausflugsschiffen erkunden.

Adresse Rastorfer Mühle, 24223 Schwentinental-Raisdorf | **Anfahrt** auf der B 76 Richtung Preetz, Abfahrt Ostseepark, parallel zur B 76 auf der Kieler Straße bis zum Fernsichtweg, am Ende kleiner Parkplatz | **Öffnungszeiten** Der angrenzende Wildpark ist ganzjährig von 5–23.30 Uhr geöffnet. | **Tipp** Eine halbe Stunde auf dem Schwentine-Wanderweg flussabwärts gelangt man zum Ausflugslokal Oppendorfer Mühle mit Biergarten (Tel. 04348/1628).

106— Die blauen Badehäuschen

Diesen Strand mögen die Kieler besonders gern

Die Mole mit der kleinen Steinbrücke darauf ist das offizielle Wahrzeichen von Stein. Die Gemeinde östlich von Kiel zeigt sie auch in ihrem Wappen. 300 Meter ragt die Mole ins Meer. An ihrem Ende stehen in der milden Jahreszeit auf der Plattform zwei zierliche blaue Badehäuschen. Zu klein, um sich darin umzuziehen. Aber man kann seine persönlichen Sachen ablegen. Denn von hier führt eine Treppe ins tiefere Wasser. Manche steigen auch hinein, wenn die Ostsee noch keine 15 Grad warm ist. Die blauen Badehäuschen, sie sind das eigentliche Wahrzeichen von Stein.

Stein ist bei Urlaubern beliebt. Aber vor allem die Kieler mögen diesen Strand, zu jeder Jahreszeit. Der Sand ist hier feiner, heller als an anderen Stränden an der Kieler Förde. Flach und frei von Steinen fällt der Meeresgrund ins Wasser ab. Die Dünen sind mit Schilf bewachsen. Am »Tatort Hawaii«, einer Strandbar und Surfschule, nimmt man einen Drink und chillt. Strandgebühren muss man hier auch in der Hochsaison nicht zahlen. »Lagune des Nordens«, so wirbt Stein für sich. Geht man ein paar Schritte an der Lagune und dem Museumshafen vorbei und umrundet den Yachthafen Marina Wendtorf mit Platz für 800 Boote, gelangt man zum Nackedeistrand.

Weil das Wasser so seicht ist, ist Stein ein Paradies für Kitesurfer. Wenn der Wind ordentlich bläst, kommen sie in Scharen aus Kiel. Echte Akrobaten sind darunter. Mit ihren Lenkdrachen und dem Brett an den Füßen peitschen sie übers Wasser. Schlagen Purzelbäume in der Luft. Manche treiben es bunt in ihren Neoprenanzügen mit den farbigen Shorts darüber. Einmal hat der Wind einen Kitesurfer mit seinem Drachensegel über den Deich hinterm Strand landeinwärts gezogen und auf ein Garagendach geweht. Der Mann wurde schwer verletzt.

Auf der Deichkrone sind Findlinge aufgestellt, von Gletschern der Eiszeit aus Skandinavien hierhin getragen. Das ist der »Weg der Steine« in Stein.

Adresse Deichkronenweg, 24235 Stein | **Anfahrt** Bus 100, 512 S, 705, Haltestelle Laboe Hafen, von hier Bus 120, 210, 218, Haltestelle Stein Dorfplatz; Mitte Mai – Sept. Förderfährlinie F 1, Anleger Laboe; mit dem Pkw auf der B 502 Richtung Schönberg, der Beschilderung nach Stein folgen | **Öffnungszeiten** Die Badehäuschen werden im Frühjahr aufgestellt und im Herbst abgebaut. | **Tipp** Es lohnt ein Spaziergang über den Fördewanderweg die Steilküste entlang Richtung Laboe. Im Kliff nisten Uferschwalben, die kleinsten Schwalben Europas. 70 Zentimeter tief graben sie ihre Höhlen.

107 _ Die Bootstankstelle

Sie ist die einzige an der Förde

Thomas Langer bringt so schnell nichts aus der Ruhe. Nicht, wenn ein Bootsführer ahnungslos ist, wo der Einfüllstutzen für den Tank seiner Yacht ist. Nicht, wenn bei steifer Brise aus Süd-Süd-West der Skipper das Tempo unterschätzt, sich die Katastrophe beim Anlegemanöver sichtbar ankündigt und das schöne Boot dann gegen den gepolsterten Ponton rumpelt, dass es kracht. »Manchmal bekommst du großes Hafenkino geboten«, sagt Langer. »Jouh!« Er ist Tankwart der Bootstankstelle im Strander Hafen. Sie ist die einzige an der Kieler Förde. Die nächste ist im Ostseebad Damp.

Thomas Langer war Tastfunker auf einem Schnellboot. Aber Tastfunker braucht man nicht mehr. Er hat auf Frachtern nach Südamerika angeheuert, ein Segelprojekt für schwierige Jungs auf den Kanarischen Inseln betreut, am Roten Meer im Tauchzentrum gejobbt. Jetzt ist er der Förde-Tankwart. Sein Kiosk steht auf einem schwimmenden Tank. 24.000 Liter Diesel und Super bleifrei schwappen unter Thomas Langers Füßen. Braucht er Nachschub, kommt ein Tanklaster und füllt von Land aus über eine Pipeline unterm Steg nach. Eine Batterie von Motorölen steht im Kioskregal. Thomas Langer verkauft außerdem Süßwaren, Snacks, Softdrinks und Alkoholisches, Sonnenmilch und Zeitschriften. Was man an Bord so braucht. »Viel Eis. Jouh!« Fotos von Motoryachten, die angelegt und ihn beeindruckt haben, zweimal so hoch wie der Kiosk, hat er an die Wand gepinnt.

Er steht jetzt am Fenster und schaut nach draußen. Einmal volltanken bis zum Mittag, mehr Kundschaft war nicht an diesem Frühlingstag. »Aber es gibt immer etwas zu sehen. Man wird eins mit den Möwen und den Booten.« Hochbetrieb herrscht zur Kieler Woche, wenn die Regatta-Begleitboote vor den vier Zapfsäulen auf Warteposition liegen. Selber tanken, das erlaubt Thomas Langer nicht. »Diesel- oder Benzin-Schmier auf dem Hafenwasser? Das geht gar nicht. Neee!«

Adresse Yachthafen Steg 6, 24229 Strande, Tel. 04349/8203 | **Anfahrt** Bus 33, 501, 502, 512 S, 901, 902, Haltestelle Strande; Mitte Mai–Sept. Förderfährlinie F 1, Anleger Ostmole | **Öffnungszeiten** April–Mai Mo–Do 10–17 Uhr, Fr–So 10–18 Uhr, Juni–Aug. Mo–Do 9–18 Uhr, Fr–So 9–19 Uhr, Sept.–Okt. Mo–Do 10–16 Uhr, Fr–So 10–17 Uhr | **Tipp** Man muss wohl den Mut eines Österreichers haben, um sein Bistro am Strand »Das Kaiser« zu nennen. Nicht nur Alpenländisches steht auf der Karte (Strandstraße 30, Tel. 04349/9158440).

108__Der Fischersteg

Frischer geht's nicht: Verkauf direkt vom Kutter

Wie Pfeile im Köcher des Klischee-Indianers stecken die Spieren, mit denen Fischer ihre ausgebrachten Netze markieren, am Heck der kleinen Kutter, wenn diese im Hafen liegen. Synchron flattern die roten Fahnen an der Spitze der Stecken im Wind. Tagsüber ist die Flotte am Fischersteg von Strande vertäut. Ab acht Uhr morgens wird direkt vom Kutter verkauft. Frischer kann man lecker Fisch nicht bekommen. Ist mal kein Fischer an Bord, einfach beim Fischimbiss Seidentoff fragen. Dort trinken die Seeleute gern Kaffee. Und auch mal einen Schnaps dazu.

Der kleine Ort Strande mit nur 1.500 Einwohnern, der sich nahtlos an den Olympiahafen Schilksee anschließt, hat seinen eigenen Charme. Schicke Segelyachten liegen auch hier im Hafen, der 348 Liegeplätze und kostenfreies WLAN hat. Der Yacht Club Strande ist hier zu Hause, der Kieler Yacht-Club (siehe Seite 68) hat hier sein Außenquartier mit großer Schiffshalle. Aber das Extra, das den Hafen Strande von anderen Häfen an der Förde unterscheidet, das ist der Fischersteg. 15 Erwerbsfischer, davon nur zwei im Nebenerwerb, machen hier fest. Das ganze Jahr über fahren sie vom Nachmittag bis zum Morgengrauen auf die Ostsee hinaus. Nur bei starkem Nord- oder Ostwind bleiben die Boote am Steg. Die Männer fangen Dorsch (von Oktober bis April), Flundern und Schollen (Mai bis November), Meerforellen, Meeräschen und Heringe (im Frühjahr und Herbst), Seehasen (im Frühsommer). Jede Saison hat ihre eigene Ernte, von Schonzeiten und Begrenzung der Fangtage bestimmt. Ein paar der Fischer stellen in der Strander Bucht und in der Ostsee Reusen auf, sie gehen auf Aale.

Strande ist Tourismus-Vorzeigeort. Um 20 Prozent im Vergleich zu den Vorjahren konnte man zuletzt die Zahl der Übernachtungen steigern, um viel mehr als an der übrigen Ostsee. Der Zauber des Fischerstegs mit seinen knurrigen Gesellen hat daran sicher seinen Anteil.

Adresse Strandstraße 12, 24229 Strande, Tel. 04349/8988 (Hafenmeister) | **Anfahrt**
Bus 33, 501, 502, 512 S, 901, 902, Haltestelle Strande; Mitte Mai–Sept. Förderfährlinie
F 1, Anleger Ostmole | **Öffnungszeiten** Fischverkauf ab 8 Uhr; Hafenmeister: April,
Okt. 8–12 und 14–16 Uhr, Mai, Sept. 8–12 und 15–17 Uhr, Juni–Aug. 8.30–10 und
16–18 Uhr | **Tipp** Ein Schauspiel im Frühjahr: Die Segelboote werden aus dem Winter-
quartier gerollt und mit Kränen ins Wasser gehoben. Segler richten die Masten auf. Gut
zu beobachten vor der Halle des Kieler Yacht-Clubs.

109__Die Meersalz-Manufaktur

Aus Ostsee-Wasser wird weißes Gold

Man muss wissen, dass Christopher Walter gern kocht. Jeden Tag. Für die Freundin und die Kinder. Und dass er sich ärgert. »Bald importieren wir auch noch Wasser aus Afrika.« Christopher Walter bevorzugt regionale Lebensmittel. Nur beim Salz hatte er schlechte Karten. Es kam aus dem Atlantik oder oberbayerischen Bergwerken. Aber könnte man Salz nicht auch aus der Ostsee gewinnen? So zog er mit zwei Eimern an den Strand, kochte das Wasser zehn Stunden lang auf dem Herd, trocknete, was übrig blieb, im Backofen auf dem Blech. Und warf die Masse in den Müll. »Wie Brackwasser hat das gestunken.« Ein Flop. Der eine Erfolgsgeschichte wurde.

Walter hatte vergessen, das Wasser zu filtern, die Schwebstoffe herauszuholen. Zusammen mit Freund Dirk Münze tüftelte er monatelang, um doch noch weißes Gold zu schürfen. Tatsächlich: Eines Tages hatten sie die kristallinen Nuggets in den Händen. Heute liefert ein Fischzüchter bereits gefiltertes Wasser. Es ist mit UV-Licht bestrahlt, um Mikroorganismen abzutöten. Tausend Liter Fördewasser täglich verkocht das Gründer-Duo in großen Edelstahlwannen über offenem Feuer auf Gut Eckhof, wo es eine Manufaktur eingerichtet hat. Wenn die Salzsieder die Kristalle abschöpfen, »fühlt sich das an wie Griesbrei«. Wenn die Masse abgetropft ist, »wie Schneematsch«. Der Matsch kommt in den Trockenschrank.

Aus den tausend Litern gewinnen die Start-up-Unternehmer 15 Kilo Salz, das sie jetzt noch durchleuchten. Kleinste Verunreinigungen entfernen sie mit der Pinzette. Dann wird das Ostsee-Salz in 100-Gramm-Portionen in Weckgläser abgefüllt. Abnehmer sind Feinkostläden und Touristen. Eine Kräuterfeee liefert Zutaten für eine Kräutersalzmischung. Wasserpfeffer, Wilde Minze und Knoblauchsrauke. »Das riecht wie früher bei der Ernte nach dem Häckseln«, schwärmt Christopher Walter.

Adresse Gut Eckhof/Dänischenhagener Straße, 24229 Strande, Tel. 04349/9156020 | **Anfahrt** Bus 900, 901, 902 S, Haltestelle Eckhof | **Öffnungszeiten** auf Anfrage, Mail: c.walter@ostseesalzmanufaktur.de | **Tipp** Der FDP-Spitzenpolitiker Wolfgang Kubicki kann sich nicht nur in Talkrunden in Szene setzen. Im Strandbistro Bruno, Strandstraße 28, kann man ihn treffen (Tel. 04349/9211, Öffnungszeiten: täglich 12–22 Uhr).

110__ Störtebekers Burg

Hat der Pirat in der Nähe einen Schatz vergraben?

Zugegeben, dieser Ort ist nicht einfach zu finden. Man kann achtlos vorübergehen. Von Weitem ist nur eine Baumgruppe zu sehen, das Gelände scheint ein wenig angehoben. Licht bricht sich in einem Wasserloch. Aber da ist mehr. Es lohnt sich, genauer hinzusehen. Auf dieser Anhöhe soll sie gestanden haben, die Burg des gefürchteten Seeräubers Klaus Störtebeker.

Wer sich an der Schranke rechts hält, auf der für öffentlichen Autoverkehr gesperrten Straße zum Klärwerk, kommt an einer Allee mächtiger Pappeln vorbei. Etwa 50 Bäume. Nach einem halben Kilometer, dort, wo die Straße eine Linkskurve macht, geht's rechts querfeldein auf die Baumgruppe zu. Mit jedem Schritt wird der Blick klarer. Die kleine Erhebung ist ein künstlich angelegtes Hügelchen, von einem breiten Wassergraben umgeben. Jede Menge Feldsteine sind zu sehen. Baumriesen, die unter dem Druck der Ostsee-Winde eingeknickt sind. Störtebeker-Insel nennen die Menschen diesen Fleck.

Die Burg ist wohl eher ein Wartturm gewesen. Eine sogenannte Motte, eine Turmhügelburg. Solche Wehranlagen wurden nach einem sehr einfachen, aber effektiven Verfahren gebaut und immer in der Nähe eines Baches, damit der Graben um den Turm nie austrocknen konnte. Mit dem Aushub des Grabens schaufelte man einen Hügel an, bis auf zwei Drittel seiner späteren Höhe. Jetzt wurde ein hölzerner Turm gebaut, unten breiter als oben. So stand er stabiler. Der Graben wurde nun noch einmal breiter und tiefer ausgehoben und der untere Turmteil mit dem Erdreich eingegraben. »Eingemottet«, sagte man damals. Diese Bauweise sollte den Turm gegen ein Umfallen auch bei Sturm sichern. Dann wurde der Graben geflutet.

Und von hier aus, auf der Bülker Huk, einem Küstenvorsprung, soll der Pirat Störtebeker im 14. Jahrhundert das Meer beobachtet haben. In den nahen Sümpfen hat er angeblich einen Schatz vergraben. Auch das ist eine Legende.

Adresse Bülker Huk, 24229 Strande | **Anfahrt** von der B 503 Richtung Strande, im Kreisverkehr in die Dänischenhagener Straße, nach 600 Metern links in die Straße Zum Mühlenteich (Hinweis: »Forelli«), nach 300 Metern an der Schranke parken | **Tipp** Mehr Erdlöcher gibt es auf dem nahen Gut Uhlenhorst. Der Golfclub verfügt über einen 27-Loch-Meisterschaftsplatz (Green Card erforderlich). Der 9-Loch-Kurzspielplatz ist ohne Beschränkung freigegeben (Mühlenstraße 37, 24229 Dänischenhagen, Tel. 04349/91700).

111 Die Bank an der Steilküste

Wo man Götter anbeten möchte

Einen Überblick bekommt man von Hein Bülk aus, vielleicht der beste Ort, sich zu entscheiden: unten am Wasser entlang oder oben auf dem Steilküsten-Wanderweg? Also rauf auf den schwarz-weiß geringelten Leuchtturm von Bülk, den sie hier Hein Bülk nennen. Er ist der älteste an der Kieler Förde, seit 1865 in Betrieb, und steht auf ihrer äußersten westlichen Landzunge. Nach 98 Drehwurm-Stufen ist man auf der Besucherplattform mit 360-Grad-Blick angekommen. Richtung Südost das Marine-Ehrenmal in Laboe. Im Westen thront die Steilküste von Marienfelde und Stohl über dem Strand. Da soll es hingehen.

Herum um die Landspitze! Wer nun den Weg unten am Wasser nimmt, hat die Chance, Bernstein, Meerglas, schöne Granite zu finden. Wer sich für den Trampelpfad neben der Abbruchkante entscheidet, ist sicher schwindelfrei. Bis zu 30 Meter fällt die Steilküste ab. Wind und Wasser holen sich jedes Jahr 60 Zentimeter vom Land. Erdreich stürzt oder rutscht nach unten. Das Meer schwemmt die leichten Teile weg, baut damit Sandbänke im Wasser. Wer unten läuft, kann diesen erhabenen Ausblick nicht erfahren. Erst geht es durch ein Wäldchen, den Hatzberg, dann öffnet sich die Weite. Links blüht der Raps, Kornfelder rauschen im Wind. Rechts die Ostsee, die hier unendlich scheint. Noch einige hundert Meter weiter, dort steht die Bank.

Rustikal gezimmert ist sie. Zwei kreisrunde Pfosten, ein verwittertes Brett darüber, mit Graffito nicht eben verziert. Ohne Rückenlehne. Aber ein Blick, bei dem man Götter anbeten möchte. Im Rücken der Dänische Wohld, die Höfe von Marienfelde, vorne das Meer. Weiße Segel, die Silhouetten von Frachtern. Dem rot-weißen Kieler Leuchtturm, weit draußen, kommt man nirgendwo sonst an Land so nah. Wenn Seeleute aus 37 Kilometer Entfernung sein Leuchtfeuer erkennen, wissen sie: Sie sind auf dem richtigen Weg.

Adresse Steilküste bei Marienfelde, 24229 Strande-Marienfelde | **Anfahrt** Bus 33, 501, 502, 512 S, 901, 902, Haltestelle Strande, die Promenade entlang bis zum Leuchtturm Bülk; Mitte Mai–Sept. Förderfährlinie F 1, Anleger Ostmole | **Öffnungszeiten** Leuchtturm Bülk: Di–Fr 10–19 Uhr, Sa–So 9–19 Uhr | **Tipp** Auf dem Pferderücken durch den Dänischen Wohld? Es gibt viele Reitwege. Gestüte bieten betreute Ausritte am Strand entlang an.

2

110

46b

Strande

109

108
107

Fuhlensee

78
80

Schilksee

77

Kieler Förde

100b

101

79

46a

102
103
100a

Laboe

Dorf

71

72

Fördestraße

49

Pries

47

Friedrichsort

48

N

0   2 km

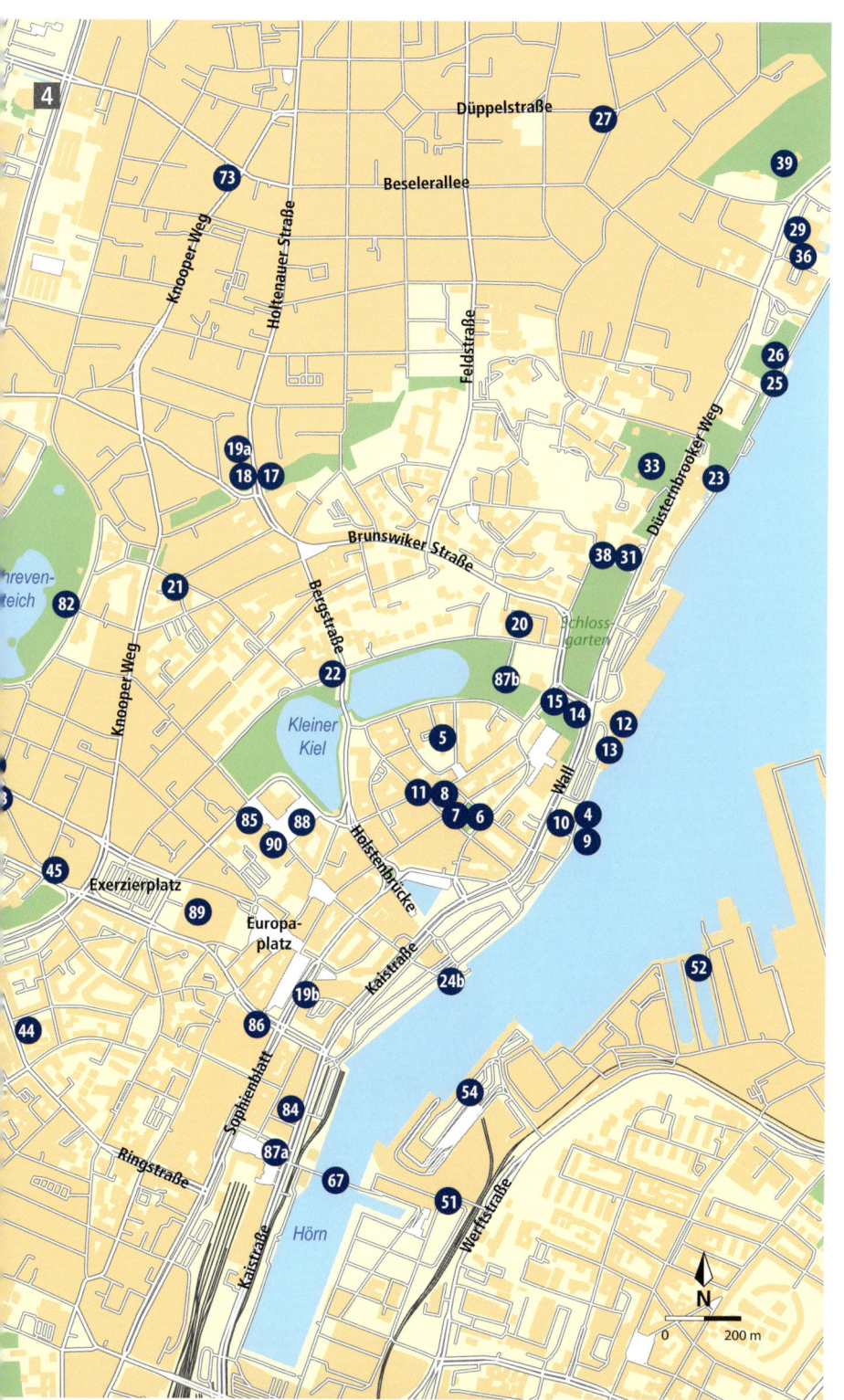

Rüdiger Liedtke
111 Orte auf Mallorca, die
man gesehen haben muss
ISBN 978-3-89705-975-7

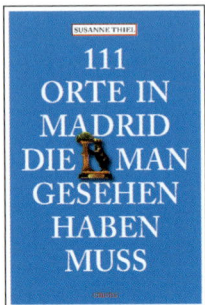

Susanne Thiel
111 Orte in Madrid, die
man gesehen haben muss
ISBN 978-3-95451-118-1

Ralf Nestmeyer
111 Orte in der Provence, die
man gesehen haben muss
ISBN 978-3-95451-094-8

Peter Eickhoff
111 Orte in Wien, die
man gesehen haben muss
ISBN 978-3-89705-969-6

Stefan Spath
111 Orte in Salzburg, die
man gesehen haben muss
ISBN 978-3-95451-114-3

Jo-Anne Elikann
111 Orte in New York, die
man gesehen haben muss
ISBN 978-3-95451-512-7

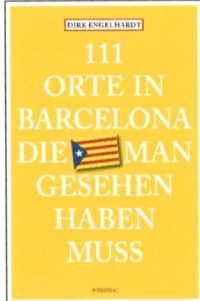

Dirk Engelhardt
111 Orte in Barcelona, die
man gesehen haben muss
ISBN 978-3-95451-066-5

John Sykes
111 Orte in London, die
man gesehen haben muss
ISBN 978-3-95451-117-4

Annett Klingner
111 Orte in Rom, die
man gesehen haben muss
ISBN 978-3-95451-219-5

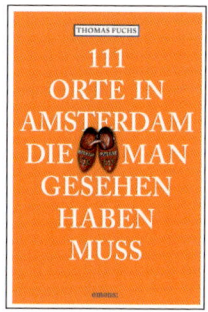

Thomas Fuchs
**111 Orte in Amsterdam, die
man gesehen haben muss**
ISBN 978-3-95451-209-6

Stefan Spath, Gerald Polzer
**111 Orte im Salzkammergut,
die man gesehen haben muss**
ISBN 978-3-95451-231-7

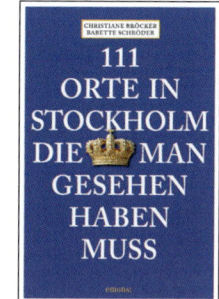

Christiane Bröcker,
Babette Schröder
**111 Orte in Stockholm, die
man gesehen haben muss**
ISBN 978-3-95451-203-4

Sabine Gruber, Peter Eickhoff
**111 Orte in Südtirol, die man
gesehen haben muss**
ISBN 978-3-95451-318-5

Marcus X. Schmid
**111 Orte in Istanbul, die
man gesehen haben muss**
ISBN 978-3-95451-333-8

Gerd Wolfgang Sievers
**111 Orte in Venedig, die
man gesehen haben muss**
ISBN 978-3-95451-352-9

Rüdiger Liedtke,
Laszlo Trankovits
**111 Orte in Kapstadt, die
man gesehen haben muss**
ISBN 978-3-95451-456-4

Eckhard Heck
**111 Orte in Maastricht, die
man gesehen haben muss**
ISBN 978-3-95451-368-0

Petra Sophia Zimmermann
**111 Orte am Gardasee und
in Verona, die man gesehen
haben muss**
ISBN 978-3-95451-344-4

Lucia Jay von Seldeneck,
Carolin Huder, Verena Eidel
**111 Orte in Berlin, die
man gesehen haben muss**
ISBN 978-3-89705-853-8

Bernd Imgrund
**111 Kölner Orte, die man
gesehen haben muss**
Band 1
ISBN 978-3-89705-618-3

Lucia Jay von Seldeneck,
Carolin Huder, Verena Eidel
**111 Orte in Berlin,
die Geschichte erzählen**
ISBN 978-3-95451-039-9

Rike Wolf
**111 Orte in Hamburg, die
man gesehen haben muss**
ISBN 978-3-89705-916-0

Gabriele Kalmbach
**111 Orte in Stuttgart, die
man gesehen haben muss**
ISBN 978-3-95451-004-7

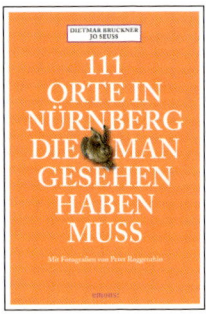

Dietmar Bruckner, Jo Seuß
**111 Orte in Nürnberg, die
man gesehen haben muss**
ISBN 978-3-95451-042-9

Rüdiger Liedtke
**111 Orte in München, die
man gesehen haben muss**
ISBN 978-3-89705-892-7

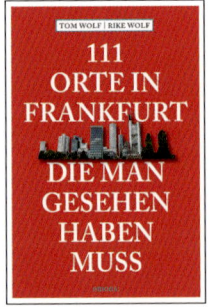

Rike Wolf, Tom Wolf
**111 Orte in Frankfurt, die
man gesehen haben muss**
ISBN 978-3-95451-342-0

Peter Eickhoff
**111 Düsseldorfer Orte, die
man gesehen haben muss**
ISBN 978-3-89705-699-2

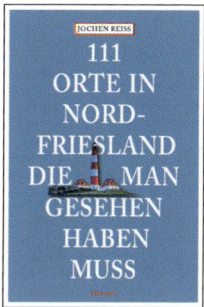

Jochen Reiss
111 Orte in Nordfriesland, die
man gesehen haben muss
ISBN978-3-95451-627-8

Alexandra und
Jobst Schlennstedt
111 Orte an der
Ostseeküste, die man
gesehen haben muss
ISBN 978-3-89705-824-8

Vito von Eichborn
111 Orte zwischen Lübeck
und Kiel, die man gesehen
haben muss
ISBN978-3-95451-339-0

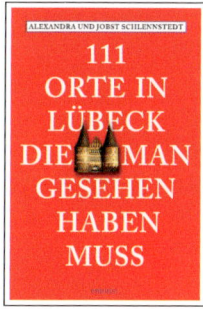

Alexandra und
Jobst Schlennstedt
111 Orte in Lübeck, die
man gesehen haben muss
ISBN978-3-95451-564-6

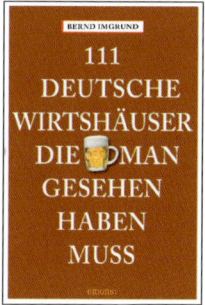

Bernd Imgrund
111 deutsche Wirtshäuser, die
man gesehen haben muss
ISBN 978-3-95451-080-1

Cornelia Kuhnert
111 Orte in Hannover, die
man gesehen haben muss
ISBN 978-3-95451-086-3

Dietlind Castor
111 Orte am Bodensee, die
man gesehen haben muss
ISBN 978-3-95451-063-4

Daniela Bianca Gierok,
Ralf H. Dorweiler
111 Orte im Schwarzwald, die
man gesehen haben muss
ISBN 978-3-89705-950-4

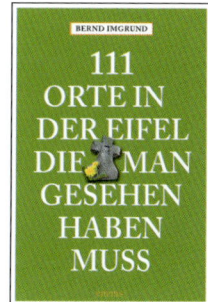

Bernd Imgrund
111 Orte in der Eifel, die
man gesehen haben muss
ISBN 978-3-95451-003-0

Der Autor

Jochen Reiss trainiert Medienprofis in Redaktionen in allen Stilformen und Spielarten des Journalismus. An Fachschulen und Akademien für journalistische Aus- und Weiterbildung, an Universitäten und in Unternehmen arbeitet er als Dozent. Er war Chefreporter und Stellvertreter des Chefredakteurs der Abendzeitung München. Seine letzten Buchveröffentlichungen: »111 Orte in Nordfriesland, die man gesehen haben muss« und »Menschen machen Medien. Wie Journalisten wurden, was sie sind. Was sie bewegt – und was sie bewegen«. E-Mail: jochenreiss@jochenreiss.com